Success with New HSK (Level 5)

跨越新HSK(五级)

听力专项训练

李增吉 主编

李增吉 张锦玉

冯增娥 李 霞 编

北京语言大学出版社
BEIJING LANGUAGE AND CULTURE
UNIVERSITY PRESS

中央广播电视大学音像出版社
MULTIMEDIA PRESS, OPEN UNIVERSITY OF CHINA

图书在版编目（CIP）数据

跨越新HSK（五级）听力专项训练/李增吉主编. --北京：北京语言大学出版社,2011.12（2019.12重印）
ISBN 978-7-5619-3184-4

Ⅰ.①跨… Ⅱ.①李… Ⅲ.①汉语－听说教学－对外汉语教学－习题集 Ⅳ.①H195.4

中国版本图书馆CIP数据核字(2011)第237790号

书　　　名：	跨越新HSK（五级）听力专项训练 KUAYUE XIN HSK（WU JI）TINGLI ZHUANXIANG XUNLIAN
责任印制：	周燚

出版发行：	北京语言大学出版社		
社　　址：	北京市海淀区学院路15号	邮政编码：	100083
网　　址：	www.blcup.com		
电　　话：	发行部 82303650/3591/3648		
	编辑部 82301016		
	读者服务部 82303653/3908		
	网上订购电话 82303668		
	客户服务信箱 service@blcup.com		
印　　刷：	北京建宏印刷有限公司		
经　　销：	全国新华书店		

版　次：	2012年1月第1版　2019年12月第6次印刷		
开　本：	889毫米 x 1194毫米　　1/16	印张：	13
字　数：	186千字		
书　号：	ISBN 978-7-5619-3184-4/H·11230		
定　价：	45.00元		

凡有印装质量问题，本社负责调换。电话：82303590

前言

新HSK是国家汉办组织中外汉语教学、语言学、心理学和教育测量学等领域的专家，充分调查、了解海外汉语教学的实际情况，考虑了普通汉语学习者和专业汉语学习者、来华汉语学习者和非来华汉语学习者的差异，在吸收原有HSK的优点、借鉴近年来国际语言测试研究最新成果的基础上，以《国际汉语能力标准》为依据，推出的一项国际汉语能力标准化考试。它重点考查汉语非第一语言的考生在生活、学习和工作中运用汉语进行交际的能力。

新HSK（五级）的题型、题量以及考试时间如下表：

题 型		题 量	考试时间
听力	第一部分：听二人对话	20题	约30分钟
	第二部分：听长对话或一小段话	25题	
阅读	第一部分：选词句填空	15题	40分钟
	第二部分：语段理解	10题	
	第三部分：短文理解（若干篇短文）	20题	
书写	第一部分：连词语成句	8题	40分钟
	第二部分：按要求写80字左右的短文	2题	

本书是听力部分的专项训练，共十套试题。

我们之所以编写这本专项训练，是想让考生通过本书的学习，能具体了解新HSK（五级）考试中听力部分的题型、考试时间及考查重点，以便调整心态，合理分配做题时间，掌握一定的答题技巧，迅速提高这方面的应试能力。

在编写本书前，我们认真研究了国家汉办/孔子学院总部编写的新HSK（五级）大纲、样题和词汇表，并对样题中的超纲词语进行了统计，从而更好地掌握了试题的难易度，使模拟试题更贴近真题。在编写过程中，我们对试题进行了多次试用，精心作了筛选，确定出了难点。

为帮助考生准确地理解考查重点，掌握答题技巧及思路，我们在提供完整的参考答案的基础上，还特别针对每道试题作了一个答案详解。

　　本书采用的语料大都选自报刊，我们根据试题的特点，对所选语料进行了改写。在此，谨对原文作者表示由衷地感谢。

编　者
2011 年 12 月

目 录

◆ 听力专项训练（一）
　　第一部分 ·· 3
　　第二部分 ·· 5
　　听力材料 ·· 7
　　参考答案 ·· 14
　　答案详解 ·· 15

◆ 听力专项训练（二）
　　第一部分 ·· 23
　　第二部分 ·· 25
　　听力材料 ·· 27
　　参考答案 ·· 34
　　答案详解 ·· 35

◆ 听力专项训练（三）
　　第一部分 ·· 43
　　第二部分 ·· 45
　　听力材料 ·· 47
　　参考答案 ·· 54
　　答案详解 ·· 55

◆ 听力专项训练（四）
　　第一部分 ·· 63
　　第二部分 ·· 65
　　听力材料 ·· 67
　　参考答案 ·· 74
　　答案详解 ·· 75

◆ 听力专项训练（五）
　　第一部分 ·· 83
　　第二部分 ·· 85

I

　　　　听力材料 ………………………………… 87
　　　　参考答案 ………………………………… 94
　　　　答案详解 ………………………………… 95

◆ **听力专项训练（六）**
　　　　第一部分 ………………………………… 103
　　　　第二部分 ………………………………… 105
　　　　听力材料 ………………………………… 107
　　　　参考答案 ………………………………… 114
　　　　答案详解 ………………………………… 115

◆ **听力专项训练（七）**
　　　　第一部分 ………………………………… 123
　　　　第二部分 ………………………………… 125
　　　　听力材料 ………………………………… 127
　　　　参考答案 ………………………………… 134
　　　　答案详解 ………………………………… 135

◆ **听力专项训练（八）**
　　　　第一部分 ………………………………… 143
　　　　第二部分 ………………………………… 145
　　　　听力材料 ………………………………… 147
　　　　参考答案 ………………………………… 154
　　　　答案详解 ………………………………… 155

◆ **听力专项训练（九）**
　　　　第一部分 ………………………………… 163
　　　　第二部分 ………………………………… 165
　　　　听力材料 ………………………………… 167
　　　　参考答案 ………………………………… 174
　　　　答案详解 ………………………………… 175

◆ **听力专项训练（十）**
　　　　第一部分 ………………………………… 183
　　　　第二部分 ………………………………… 185
　　　　听力材料 ………………………………… 187
　　　　参考答案 ………………………………… 194
　　　　答案详解 ………………………………… 195

新汉语水平考试
HSK（五级）
听力专项训练
（一）

听 力

第一部分

第 1-20 题：请选出正确答案。

1. A 演出很精彩
   B 演出没意思
   C 昨天没睡觉
   D 不知道演出内容

2. A 比以前能吃了
   B 不锻炼身体了
   C 常吃肉菜瓜果
   D 吃了很多好东西

3. A 算错了
   B 电话费涨价了
   C 经常打长途电话
   D 女的打电话时间长

4. A 不去了
   B 雨要停了
   C 雨小了再去
   D 下大雨也要去

5. A 一定去
   B 等等再去
   C 可以不去
   D 有事去不了

6. A 医生
   B 教师
   C 司机
   D 警察

7. A 小王现在不在家
   B 女的和小王是邻居
   C 现在别人住在这儿
   D 女的不知道小王搬家了

8. A 男的长得漂亮
   B 男的岁数太大
   C 男的可以办公司
   D 男的不能顺利辞职

9. A 是女的说的
   B 不是老张说的
   C 肯定是老张说的
   D 不知道是谁说的

10. A 学习计划
    B 工作单位
    C 工作态度
    D 应聘条件

11. A 不会办事
    B 办事很慢
    C 办事干脆
    D 办事马虎

12. A 谦虚
    B 骄傲
    C 无奈
    D 得意

13. A 当然可以
    B 现在不行
    C 以后再说
    D 等会儿修改

14. A 完全同意
    B 无奈地同意了
    C 别人改变了观点
    D 不知道别人的观点

15. A 按时上课
    B 按时起床
    C 早睡早起
    D 晚睡晚起

16. A 不关心孩子
    B 不喜欢孩子
    C 不会安排时间
    D 学习时很专心

17. A 他是医生
    B 他是厨师
    C 他十分健康
    D 他刚做了手术

18. A 男的和米丽娅是老同学
    B 女的和米丽娅是老同学
    C 男的常送给米丽娅礼物
    D 米丽娅常送给男的礼物

19. A 排球
    B 足球
    C 游泳
    D 乒乓球

20. A 女的告诉了小王
    B 男的告诉了小王
    C 不知道谁告诉了小王
    D 女的怀疑男的告诉了小王

第二部分

第 21-45 题：请选出正确答案。

21. A 男的住在女的家里
    B 男的和女的是夫妻
    C 女的住在男的家里
    D 男的和女的是一家人

22. A 汉语好学
    B 汉语难学
    C 学汉语很苦
    D 学汉语要努力

23. A 女的没吃饭
    B 女的不想来
    C 两人同时到
    D 男的来得早

24. A 南京
    B 苏州
    C 杭州
    D 北京

25. A 修车师傅
    B 交通警察
    C 飞机驾驶员
    D 出租车司机

26. A 口语
    B 听力
    C 翻译
    D 作文

27. A 买不起车
    B 养车太贵
    C 不喜欢车
    D 不会开车

28. A 女的丢了钱包
    B 男的钱包找到了
    C 男的捡到了钱包
    D 女的钱包找到了

29. A 餐厅
    B 超市
    C 宾馆
    D 机场

30. A 女的是老师
    B 学生来看男的
    C 男的没有假期
    D 男的收到了鲜花

31. A 医院
    B 学校
    C 商店
    D 旅馆

32. A 看病
    B 取药
    C 看朋友
    D 照顾妈妈

33. A 容易失眠
    B 味道太苦
    C 容易过敏
    D 容易长胖

34. A 茶水
    B 果汁
    C 咖啡
    D 啤酒

35. A 治头晕
    B 治眼花
    C 治中暑
    D 什么病都不治

36. A 多吃药
    B 多喝水
    C 多休息
    D 多吃饭

37. A 上海
    B 北京
    C 天津
    D 重庆

38. A 价钱便宜
    B 保健防病
    C 容易买到
    D 香甜可口

39. A 朋友生病了
    B 想念朋友了
    C 朋友请他喝酒
    D 朋友请他聊天

40. A 喝了太多酒
    B 喝酒后受了风寒
    C 怀疑自己喝了蛇
    D 朋友们逼他喝酒

41. A 墙上的蛇爬进酒杯里
    B 弓上刻的蛇映到酒杯里
    C 桌子上的蛇爬进酒杯里
    D 房顶上的蛇掉进酒杯里

42. A 想让朋友品尝好酒
    B 帮朋友治好疑心病
    C 让朋友看他养的蛇
    D 庆祝朋友恢复了健康

43. A 颜色鲜艳的
    B 样子漂亮的
    C 货架最里面的
    D 货架最外面的

44. A 最大的
    B 最新鲜的
    C 货架最里面的
    D 暴露在光线下的

45. A 更新鲜
    B 更便宜
    C 更有营养
    D 保质期更长

听力专项训练（一）听力材料

（音乐，30秒，渐弱）

大家好！欢迎参加HSK（五级）考试。
大家好！欢迎参加HSK（五级）考试。
大家好！欢迎参加HSK（五级）考试。

HSK（五级）听力考试分两部分，共45题。
请大家注意，听力考试现在开始。

第一部分

第1到20题，请选出正确答案。现在开始第1题：

1. 女：昨天的演出挺好看的吧？
   男：好看什么呀？我都快睡着了。
   问：男的是什么意思？

2. 男：你最近可是发福了，吃了什么好东西呀？
   女：我能吃什么好东西？还不是每天的那些肉菜瓜果，只不过这一段时间不出去运动了。
   问：女的为什么发福了？

3. 女：是不是算错了？咱们家这个月没打几次长途电话啊，怎么电话费这么多？
   男：长途是没打几个，可你一拿起电话就没完没了。
   问：这个月的电话费为什么多？

4. 男：雨越下越大，你换个时间再去吧。
   女：不管下多大的雨，我都得去，因为这是昨天商量好的事呀！
   问：女的是什么意思？

5. 女：你要是不去的话，我也不去。
   男：没事我能不去吗？
   问：男的是什么意思？

6. 男：这种药一天吃三次，一次一片。一周后再来找我，看是否需要继续治疗。

女：好的，谢谢你。

问：男的最可能是做什么的？

7. 女：先生，我来找小王，可敲了半天门，怎么没人开呢？

   男：小王上星期就搬走了，现在这儿没人住。

   问：根据对话，可以知道什么？

8. 男：我打算自己办个公司，不想在学校教书了。

   女：你是咱们学校有名的年轻教授，校长是不会同意你走的，还是死了这条心吧。

   问：女的是什么意思？

9. 女：老张说这话不是他说的。

   男：我亲耳听到的，不是他说的是谁说的？

   问：男的是什么意思？

10. 男：你跑了这么多天，找到工作了吗？

    女：哪有那么容易呀？我现在才知道要想找到理想的工作，光有文凭不行，还得懂外语、会电脑。

    问：女的在谈论什么？

11. 女：你了解小王这个人吗？

    男：了解，他办事很干脆，行就是行，不行就是不行。只要他答应你的事，一定会办到。

    问：关于小王，下列哪项正确？

12. 男：你都成了中国通了。

    女：哪里，虽然我对中国有点儿了解，但还算不上中国通。

    问：女的是什么语气？

13. 女：李老师，我准备了一篇发言稿，您能不能帮我修改修改？

    男：这有什么不能的？

    问：男的是什么意思？

14. 男：你明明不同意他的观点，为什么还要说同意呢？

    女：我在当时那种情况下只能这么说。

    问：女的是什么意思？

15. 女：怎么样？最近还是老样子吗？
    男：半年来，我每天都按时起床，按时上课，改变了过去晚睡晚起的习惯。
    问：根据对话，"老样子"是指什么？

16. 男：王老师很会安排时间。上班之前，半小时看报，半小时学专业，下班之后，还要学习外语和计算机。
    女：听说他学习的时候，连他孩子也不准打搅他。
    问：关于王老师，下列哪项正确？

17. 女：有一段时间没见到小李了，听说他最近身体不太好，是吗？
    男：是啊，他上周刚开了刀，现在还在医院住院呢。
    问：关于小李，下列哪项正确？

18. 男：你还记得米丽娅的生日吗？
    女：当然记得，老同学了，怎么会不记得呢？每年她过生日的时候，我都要送她一件漂亮的礼物。
    问：根据对话，可以知道什么？

19. 女：看什么节目呢，这么入迷？
    男：看比赛呢。双方队员都表现得很出色，特别是红队的11号，连续射门得分。
    问：男的最可能在看什么比赛？

20. 男：你不是说不告诉小王吗？他现在怎么知道得清清楚楚。
    女：说实话，我并没有对他说过这件事，不知道是谁告诉他的。
    问：根据对话，可以知道什么？

第二部分

第21到45题，请选出正确答案。现在开始第21题：

21. 女：你习惯住这儿了吗？
    男：差不多习惯了。
    女：有什么事尽管说，就像在自己家一样。
    男：谢谢！给您添麻烦了。
    问：通过对话，可以知道什么？

22. 男：你是第一次来北京吗？
    女：是的，我是来北京学习汉语的。
    男：我也是。你觉得汉语好学吗？
    女：不知道。不过，我想学习任何一种语言都是要下苦工夫的。
    问：女的是什么意思？

23. 女：我来得够早的了，没想到你来得比我还早。
    男：是吗？我还以为我来晚了呢。
    女：下班一起吃饭吧。
    男：好的。
    问：根据对话，下列哪项正确？

24. 男：我觉得南京的风景已经很美了，没想到苏州更美。
    女：我觉得杭州的风景才真叫美呢！
    男：是吗？我下次要去杭州看看。
    女：咱们一起去吧。
    问：男的认为哪儿的风景更美？

25. 女：师傅，请您快一点儿，要不我就赶不上飞机了。
    男：还要快啊？再快非把警察招来不可。
    女：你可要准时把我送到啊。
    男：放心吧，误不了。
    问：男的最可能是做什么的？

26. 男：下星期就期末考试了，准备得怎么样？
    女：口语、听力和翻译考试都没问题，就是害怕作文考试，我总写不好。
    男：平时要多看、多想、多动手，考试时才能写好。
    女：大家都这么说，从今以后我准备写日记了。
    问：女的最担心什么考试？

27. 女：听说你刚买了辆车？
    男：是啊，有了车上班就方便多了。你怎么不买一辆？
    女：买车容易养车难啊！
    男：没错，现在养车的费用越来越高了。
    问：女的为什么不买车？

28. 男：谢谢你帮我找回了钱包，真不知道怎么感谢你才好！
    女：没什么，谁捡到了都会这么做的。
    男：真的有那么多好人吗？
    女：当然，还是好人多。
    问：根据对话，可以知道什么？

29. 女：我昨天在你们这里预订了房间。
    男：您好，您的房间是209，这是钥匙。
    女：顺便问一下，附近有吃饭的地方吗？
    男：穿过大厅就是餐厅，对面还有一个食品超市。
    问：他们最可能在哪儿？

30. 男：我真羡慕你，一到过年过节就收到这么多鲜花和贺卡，还有那么多学生来看你。
    女：这就是当老师的幸福啊！
    男：你真是学生遍天下啊！
    女：我很感谢学生们没忘了我这个老师。
    问：根据对话，可以知道什么？

第31到32题是根据下面一段对话：

女：你来看病吗？哪儿不舒服？
男：不是，我来替我妈妈取药。
女：你妈妈怎么了？
男：她的心脏病又犯了，挺严重的。
女：那可得多注意，心脏有毛病得赶快治。
男：是啊。

31. 他们最可能在哪儿？
32. 男的来做什么？

第33到34题是根据下面一段对话：

男：你喝茶还是喝咖啡？
女：我喝了咖啡容易失眠，又不喜欢茶的那种味道。还有别的吗？
男：果汁怎么样？

女：好，那就果汁吧。你呢？
男：我喜欢咖啡，特别是黑咖啡。
女：服务员，一杯果汁，一杯咖啡。

33. 女的为什么不喝咖啡？
34. 男的喜欢喝什么？

第35到36题是根据下面一段话：

一年夏天，我总觉得自己头晕眼花，浑身没劲。到了医院，大夫很快开好了药方，并对我说："这药白天每隔一小时吃一次，每次吃一片。"我还从没见过这种吃法的药，忙问他："大夫，我得了什么病？这药到底有什么作用？"那位大夫很实在地告诉我："其实这药什么病都不治，你现在需要的只是多喝水。"

35. 大夫开的药治什么病？
36. 说话人要怎样做才能治好病？

第37到38题是根据下面一段话：

目前，一种新的时尚正在国内悄悄开始流行，就是从过去的"饮茶"发展到现在的"吃茶"。方法是把乌龙茶、红茶、绿茶的茶末和茶粉加到各种食品中，生产出一种全新的茶制食品。在中国太原、广州、深圳和重庆等城市，这种食品受到了广泛地欢迎。茶末巧克力、绿茶口香糖、绿茶冰淇淋等食品都是市场上的抢手货。茶制品之所以受到消费者的欢迎，是因为它们能起到保健防病的作用。

37. 茶制食品在下列哪个城市最受欢迎？
38. 茶制食品为什么受到消费者的欢迎？

第39到42题是根据下面一段话：

古时候有一个人叫乐广，他听说朋友病了，就去看朋友。问起生病的原因，朋友说："我去你家做客，喝酒的时候看见杯子里有一条蛇，心里虽然很害怕，可是看到大家都喝了，我也只好喝了下去，没想到第二天就病倒了。"

乐广想：酒杯里绝对不会有蛇，一定有别的原因。回家后，乐广仔细观察房间的四周，发现墙上挂了一张弓，弓上刻着一条蛇。乐广就赶紧端来一杯酒，坐在朋友坐过的位置上。果然，弓上那条蛇的影子正好映在酒杯中。

乐广又请朋友到他家做客，让朋友坐在和上次一样的位置上，朋友一拿起酒杯，就又看见了上次那条蛇。乐广笑着对朋友说："你看这张弓上的蛇是不是又跑到你的酒杯里去了？"

这时，朋友才明白自己生病的原因，他的病一下子就好了。

39. 乐广为什么要去看朋友？
40. 朋友生病的原因是什么？
41. 乐广家酒杯里的蛇是从哪儿来的？
42. 乐广为什么又请朋友喝酒？

第43到45题是根据下面一段话：

人们到超市买蔬菜时，往往会选购放在货架最里面、最新生产的蔬菜。但是，研究人员则建议消费者挑选摆放在最前面、暴露在超市光线下的蔬菜。这是为什么呢？

研究人员发现，如果蔬菜持续暴露在超市的光线下，在合适的温度、湿度以及空气的作用下，蔬菜的叶子就会发生光合作用，从而产生各种维生素。所以，在货架前面、能接受到光照的蔬菜，它们的营养价值要高于放在阴暗处的蔬菜。当然，研究人员也指出，这个过程最好不要太长，如果蔬菜存放的时间太久，即使暴露在光线下，它们也会因为枯萎而导致营养物质流失。

43. 人们在超市常选择什么样的蔬菜？
44. 研究人员建议选择什么样的蔬菜？
45. 暴露在光线下的蔬菜怎么样？

听力考试现在结束。

听力专项训练(一)参考答案

听 力

第一部分

1. B	2. B	3. D	4. D	5. A
6. A	7. D	8. D	9. C	10. D
11. C	12. A	13. A	14. B	15. D
16. D	17. D	18. B	19. B	20. C

第二部分

21. A	22. D	23. D	24. B	25. D
26. D	27. B	28. B	29. C	30. A
31. A	32. B	33. A	34. C	35. D
36. B	37. D	38. B	39. A	40. C
41. B	42. B	43. C	44. D	45. C

听力专项训练(一)答案详解

第一部分

1. 男的说:"好看什么呀?我都快睡着了。"说明男的觉得演出并不好看,没有意思。所以 B 项是正确答案。

2. 女的说:"我能吃什么好东西?还不是每天的那些肉菜瓜果……"说明女的没有吃什么好东西,也没有常吃"肉菜瓜果",每天吃的跟以前一样,所以 A、C、D 三项都不正确。女的又说:"只不过这一段时间不出去运动了。"所以 B 项是正确答案。

3. 男的说"长途是没打几个",说明并没有经常打长途电话,所以 C 项不正确。男的又说"可你一拿起电话就没完没了",说明女的打电话的时间很长,所以 D 选项是正确答案。

4. 女的说:"不管下多大的雨,我都得去……"所以 D 项是正确答案。

5. 男的说:"没事我能不去吗?"这是一个反问句,意思是"没有其他事情,所以我一定会去。"所以 A 项是正确答案。

6. 男的说:"这种药一天吃三次……一周后再来找我,看是否需要继续治疗。"说明男的可能是医生。所以 A 项是正确答案。

7. 男的说:"小王上星期就搬走了,现在这儿没人住。"说明小王已经搬家了,而且现在这儿也没有别人住,所以 A、C 两项都不正确。根据对话,女的来找小王,说明不知道小王已经搬走了,所以 D 项是正确答案。对话中没有提到女的和小王是邻居,所以 B 项也不正确。

8. 女的说:"你是咱们学校有名的年轻教授……",说明男的岁数不大,所以 B 项不正确。又说:"校长是不会同意你走的,还是死了这条心吧。"可见女的认为男的不能顺利辞职,所以 D 项是正确答案。

9. 男的说:"我亲耳听到的,不是他说的是谁说的?"说明男的认为这话肯定是老张说的。所以 C 项是正确答案。

10. 女的说:"……要想找到理想的工作,光有文凭不行,还得懂外语、会电脑。"这些都是应聘的条件。所以 D 项是正确答案。

11. 男的说:"他办事很干脆……"所以 C 项是正确答案。

12. 女的说:"哪里,虽然我对中国有点儿了解,但还算不上中国通。""哪里"是汉语中表示谦虚的习惯用语。所以 A 项为正确答案。

13. 男的说:"这有什么不能的?"这是一个反问句,说明男的愿意帮忙。所以 A 项是正确答案。

14. 女的说:"我在当时那种情况下只能这么说。"说明女的没有别的办法,只好这么说,是无奈的做法。所以 B 项是正确答案。

15. 男的说:"我每天都按时起床,按时上课,改变了过去晚睡晚起的习惯。"可知"老样子"指的就是"过去晚睡晚起的习惯"。所以 D 项是正确答案。

16. 男的说:"王老师很会安排时间。"所以 C 项不正确。女的说:"听说他学习的时候,连他孩子也不准打搅他。"这并不是说他不关心孩子或不喜欢孩子,而是说他学习时不希望别人打扰他,说明学习很专心。所以 A、B 两项都不正确,而 D 项是正确答案。

17. 女的说:"听说他最近身体不太好,是吗?"男的说:"是啊,他上周刚开了刀,现在还在医院住院呢。"可知小李的确身体不太好,所以 C 项不正确;而"开刀"的意思是做手术,所以 D 项是正确答案。

18. 女的说:"老同学了,怎么会不记得呢?每年她过生日的时候,我都要送她一件漂亮的礼物。"可知女的和米丽娅是老同学,女的常给米丽娅送礼物。所以 B 项是正确答案。

19. 男的说:"特别是红队的 11 号,连续射门得分。""射门"这种说法只用在足球比赛中,所以 B 项是正确答案。

20. 男的说:"你不是说不告诉小王吗?他现在怎么知道得清清楚楚?"可知小王知道了这件事,而且男的怀疑是女的告诉了小王,而不是女的怀疑男的,所以 D 项不正确;男的这样问女的,说明也不是男的自己告诉了小王,所以 B 项也不正确。女的说:"我并没有对他说过这件事,不知道是谁告诉他的。"可见女的不承认是自己告诉小王的,她也不知道是谁告诉的。所以 A 项不正确,而 C 项是正确答案。

第二部分

21. 女的说："你习惯住这儿了吗？"又说："有什么事尽管说，就像在自己家一样。"可知男的和女的不是一家人，更不是夫妻，所以 B、D 两项都不正确。男的说："给您添麻烦了。"可知是男的住在女的家里，而不是女的住在男的家里。所以 C 项不正确，而 A 项是正确答案。

22. 男的问："你觉得汉语好学吗？"女的说："不知道。"可知女的既没有说汉语好学，也没说汉语难学，所以 A、B 两项都不正确。女的又说："我想学习任何一种语言都是要下苦工夫的。""下苦工夫"的意思是付出努力，而不是说很苦。所以 C 项不正确，而 D 项是正确答案。

23. 女的说："我来得够早的了，没想到你来得比我还早。"可知女的来得很早，可男的来得更早，他们不是同时到的，而是男的先到的。所以 C 项不正确，而 D 项是正确答案。

24. 男的说："我觉得南京的风景已经很美了，没想到苏州更美。"可知男的觉得苏州比南京风景美。所以 B 项是正确答案。

25. 女的说："师傅，请您快一点儿，要不我就赶不上飞机了。"又说："你可要准时把我送到啊。"可知女的要赶飞机，男的正在送女的去机场，说明男的可能是出租车司机。所以 D 项是正确答案。

26. 女的说："口语、听力和翻译考试都没问题，就是害怕作文考试，我总写不好。"可知女的不担心口语、听力、翻译考试，最担心作文考试。所以 D 项是正确答案。

27. 女的说："买车容易养车难啊！"男的也说："没错，现在养车的费用越来越高了。"可知女的不是买不起车，而是因为养车费用高而没有买车。所以 A 项不正确，而 B 项是正确答案。

28. 男的说"谢谢你帮我找回了钱包"，可知是男的丢了钱包，但是被女的捡到了，并还给了男的。所以 A、C、D 三项都不正确，而 B 项是正确答案。

29. 女的说："我昨天在你们这里预订了房间。"男的说："您的房间是209，这是钥匙。"由"预定房间"、"钥匙"等词语可以判断，他们现在最可能在宾馆。所以 C 项是正确答案。

30. 男的说："我真羡慕你，一到过年过节就收到这么多鲜花和贺卡，还有那么多学生来看你。"女的说："这就是当老师的幸福啊！"可知女的是老师，而且收到了鲜花，并有学生来看望。所以 B、D 两项都不正确，而 A 项是正确答案。

31. 女的说："你来看病吗？"可知他们现在最可能在医院。所以 A 项是正确答案。

32. 男的说："我来替我妈妈取药。"可知男的来医院取药。所以 B 项是正确答案。

33. 女的说："我喝了咖啡容易失眠……"可知女的不喝咖啡是因为害怕失眠。所以 A 项是正确答案。

34. 男的说："我喜欢咖啡，特别是黑咖啡。"可知男的喜欢喝咖啡。所以 C 是正确答案。

35. 从录音中听到，说话人问大夫："这药到底有什么作用？"大夫说："其实这药什么病都不治……"可知大夫开的药什么病都不治。所以 D 项是正确答案。

36. 从录音最后听到，大夫说："你现在需要的只是多喝水。"所以 B 项是正确答案。

37. 从录音中听到："在中国太原、广州、深圳和重庆等城市，这种食品受到了广泛地欢迎。"所以 D 项是正确答案。

38. 从录音最后听到："茶制品之所以受到消费者的欢迎，是因为它们能起到保健防病的作用。"所以 B 项是正确答案。

39. 从录音开头听到："古时候有一个人叫乐广，他听说朋友病了，就去看朋友。"可知乐广去看朋友，是因为朋友生病了。所以 A 项是正确答案。

40. 从录音中听到，朋友说："我去你家做客，喝酒的时候看见杯子里有一条蛇……我也只好喝了下去，没想到第二天就病倒了。"可知朋友认为自己喝了蛇，因而病倒了。所以 C 项是正确答案。

41. 从录音中听到，乐广"发现墙上挂了一张弓，弓上刻着一条蛇。乐广就赶紧端来一杯酒，坐在朋友坐过的位置上。果然，弓上那条蛇的影子正好映在酒杯中"。可知朋友酒杯中的蛇不是真的蛇，而是弓上刻的蛇的影子映到了酒杯里。所以 B 项是正确答案。

42. 从录音中听到："乐广又请朋友到他家做客……笑着对朋友说：'你看这张弓上的蛇是不是又跑到你的酒杯里去了？'这时，朋友才明白自己生病的原因，他的病一下子就好了。"可知乐广再一次请朋友到自己家里喝酒，是想让朋友知道酒杯里的蛇不是真的蛇，只是一个影子，从而治好他的疑心病。所以 B 项是正确答案。

43. 从录音开头听到："人们到超市买蔬菜时，往往会选购放在货架最里面、最新生产的蔬菜。"可知人们喜欢选择放在货架最里面的蔬菜。所以 C 项是正确答案。

44. 从录音中听到："研究人员则建议消费者挑选摆放在最前面、暴露在超市光线下的蔬菜。"所以 D 项是正确答案。

45. 从录音中听到："如果蔬菜持续暴露在超市的光线下……蔬菜的叶子就会发生光合作用，从而产生各种维生素……它们的营养价值要高于放在阴暗处的蔬菜。"可知暴露在光线下的蔬菜更有营养。所以 C 项是正确答案。

新汉语水平考试
HSK（五级）
听力专项训练
（二）

听 力

第一部分

第1-20题：请选出正确答案。

1. A 翻译
   B 教学
   C 写小说
   D 写诗歌

2. A 北京人
   B 上海人
   C 中国人
   D 外国人

3. A 女的是大夫
   B 男的妈妈出院了
   C 男的妈妈住院了
   D 男的爸爸出院了

4. A 现在给男的
   B 明天给男的
   C 文章要修改
   D 文章还没写好

5. A 改天再去
   B 明天不去
   C 明天一定去
   D 没有时间去

6. A 唱歌
   B 写诗
   C 看小说
   D 学英语

7. A 女的家在李庄
   B 女的不想去参观
   C 男的现在住在李庄
   D 男的曾在李庄生活

8. A 从不迟到
   B 正在写文章
   C 文章写完了
   D 在杂志社工作

9. A 女的旅游很便宜
   B 女的旅游很愉快
   C 女的在生男的的气
   D 女的没听男的的建议

10. A 更自由
    B 离家近
    C 工资多
    D 爱讲课

11. A 没有钱
    B 父母给钱
    C 快准备好钱了
    D 希望女的帮助

12. A 是云南人
    B 在云南跳过舞
    C 在云南收获很小
    D 不了解云南的风俗

13. A 他的哥哥在国外
    B 经常和哥哥联系
    C 经常给女的写信
    D 今天给哥哥写信了

14. A 上课以前
    B 上课以后
    C 快下课时
    D 下课以后

15. A 英语水平
    B 身体条件
    C 工作能力
    D 专业知识

16. A 不漂亮
    B 很漂亮
    C 演技不好
    D 喜欢打扮

17. A 得了冠军
    B 赛前得病了
    C 病已经好了
    D 带病参加比赛

18. A 去年退休了
    B 写了很多小说
    C 去年不写小说了
    D 去年大学毕业了

19. A 吃惊
    B 生气
    C 安慰
    D 害怕

20. A 气温
    B 天气
    C 风的成因
    D 风的方向

第二部分

第 21-45 题：请选出正确答案。

21. A 做饭
    B 谈生意
    C 打电话
    D 等客户

22. A 称赞
    B 怀疑
    C 批评
    D 不耐烦

23. A 汽车站
    B 火车站
    C 出租车上
    D 公共汽车上

24. A 点菜
    B 买菜
    C 做菜
    D 看病

25. A 衣服还很新
    B 女的不满意
    C 他们在洗衣店
    D 女的得不到赔偿

26. A 女的皮鞋太多
    B 女的身体不好
    C 改天再擦皮鞋
    D 让女的戴上口罩

27. A 油变质了
    B 火太大了
    C 油温太高
    D 油离炉火太近了

28. A 洗手
    B 别吃苹果
    C 快点儿数钱
    D 多用毛巾擦手

29. A 银行
    B 医院
    C 教室
    D 警察局

30. A 发东西
    B 送礼品
    C 外出旅游
    D 发购物卡

31. A 比手掌大
    B 没手掌大
    C 比火柴盒小
    D 比火柴盒大

32. A 看动物比赛
    B 看歌舞比赛
    C 看风筝表演
    D 看杂技表演

33. A 加班
    B 学车
    C 健身
    D 买车

34. A 不想学
    B 学费太贵
    C 没有时间
    D 买了新车再学

35. A 很便宜
    B 很暖和
    C 很鲜艳
    D 只有红色

36. A 衣服都很鲜艳
    B 学习成绩优秀
    C 身体十分健康
    D 业余生活丰富

37. A 每天下午
    B 暑假期间
    C 每天上午
    D 每星期六

38. A 锻炼身体
    B 放松自己
    C 充实自己
    D 美化生活

39. A 作产品宣传
    B 跟朋友谈话
    C 作自我介绍
    D 回答老师提问

40. A 法语
    B 英语
    C 文化
    D 建筑

41. A 法国建筑专家
    B 法国文化专家
    C 法国经济学家
    D 法国文学教授

42. A 去法国留学
    B 学习法国建筑
    C 研究法国服饰
    D 研究法国文化

43. A 种田
    B 编杂志
    C 当作家
    D 练书法

44. A 一位青年
    B 一位作家
    C 一位书法家
    D 杂志的编辑

45. A 努力种地
    B 朋友间相互学习
    C 杂志编辑的引导
    D 每天坚持写3000个字

听力专项训练（二）听力材料

（音乐，30秒，渐弱）

大家好！欢迎参加HSK（五级）考试。
大家好！欢迎参加HSK（五级）考试。
大家好！欢迎参加HSK（五级）考试。

HSK（五级）听力考试分两部分，共45题。
请大家注意，听力考试现在开始。

第一部分

第1到20题，请选出正确答案。现在开始第1题：

1. 女：你听说过我们外语学院的刘教授吗？
   男：听说过，刘教授主要从事翻译工作，还写过小说和诗歌。
   问：刘教授主要从事什么工作？

2. 男：马爱华在北京找到了一份理想的工作。
   女：是呀，而且他还跟一个中国姑娘结了婚，现在正在上海度蜜月。他还说要做一个合格的中国女婿。
   问：马爱华是哪里人？

3. 女：放心吧，你爸爸的病很快就会好的。
   男：谢谢大夫。这次爸爸住院后，我们全家都很紧张，我妈已经三天三夜没怎么睡觉了。
   问：根据对话，可以知道什么？

4. 男：你的文章什么时候交给我呀？
   女：不好意思，请再等一等，我的习惯是写好后先自己修改几遍。
   问：女的是什么意思？

5. 女：天气预报说明天有大雨，我们还去动物园吗？
   男：明天不去就没有时间去了。
   问：男的是什么意思？

6. 男：爱玲买的书可真不少。
   女：是不少，但她只买英语学习方面的书，从来不买小说、诗歌什么的。
   问：爱玲的爱好最可能是什么？

7. 女：明天我们要去参观的那个村子叫什么来着？
   男：叫李庄。我对那个村子并不陌生，我曾经在那儿生活过几年。
   问：根据对话，可以知道什么？

8. 男：小宋这几天怎么总迟到？
   女：他这几天睡得很晚，他正在给一家杂志社写文章。
   问：关于小宋，可以知道什么？

9. 女：这次旅游花了不少钱，却买了个不愉快。
   男：你当初听我的建议就好了。
   问：根据对话，可以知道什么？

10. 男：你为什么想当大学老师呢？
    女：虽然在公司挣钱多一些，可是上下班的时间规定得很死。在大学里则比较自由。
    问：女的为什么想当大学老师？

11. 女：你买房的钱准备得怎么样了？
    男：差不多了。
    问：男的是什么意思？

12. 男：你这次去云南调查，收获不小吧？
    女：是不小。不过因为不了解当地的风俗习惯，也产生了不少误会。
    问：关于女的，可以知道什么？

13. 女：这是你的信。
    男：这是我在国外的哥哥寄来的。我们很长时间没联系了，今天终于盼到他的信了。
    问：关于男的，可以知道什么？

14. 男：快下课的时候，老师说什么了？
    女：老师说了三遍，你还没听见啊！他说明天我们班要去工厂参观。
    问：老师是什么时候通知学生要去参观的？

15. 女：小王被公司录取了吗？
    男：别提了，论专业知识、身体条件、工作能力他都没的说，就是没有通过英语考试。
    问：小王哪方面不符合公司的录取条件？

16. 男：我觉得这个女演员是我见过的最漂亮的明星。
    女：我怎么没看出来？
    问：女的认为女演员怎么样？

17. 女：李强这次运动会能拿冠军吗？
    男：他本来是最有希望夺冠的运动员，可惜赛前得了重病，不得不退出了比赛。
    问：关于李强，可以知道什么？

18. 男：老王真不简单啊！
    女：是啊，他大学毕业后就开始写小说，到去年年底，已经创作十部长篇小说了。
    问：关于老王，可以知道什么？

19. 女：我女儿住院了，我要请假去医院看她。
    男：她怎么了？我昨天见她还好好儿的，今天怎么住院了？
    问：男的是什么语气？

20. 男：风是怎么刮起来的呢？
    女：空气受热膨胀上升，冷空气过来补充，这样空气流动起来就形成了风。
    问：他们在谈论什么？

第二部分

第21到45题，请选出正确答案。现在开始第21题：

21. 女：你到家了吗？
    男：到了，我正准备做饭呢，你现在在哪儿？
    女：我在单位，今天晚上要接待一个客户，晚饭就别等我了。
    男：好吧，我一个人就简单吃点儿吧。
    问：他们最可能在做什么？

22. 男：我这儿有两张电影票，今晚咱们一起去看电影吧。
    女：今天是我妈生日，我得回家给她过生日。
    男：怎么这么巧呢？每次想跟你去看电影，你都有事。

女：是真的有事。

问：男的是什么语气？

23. 女：下一站是体育场站，下车的乘客请作好准备。哪位给刚上车的这位老大爷让个座？

    男：坐这儿吧。

    女：谢谢这位小伙子。

    男：不用谢，我下一站就下车了。

    问：他们最可能在哪儿？

24. 男：服务员，我要半只烤鸭、一盘烧牛肉、一条清蒸鱼，再来一个炒虾仁。

    女：烧牛肉要放辣椒吗？

    男：千万别放，我这几天上火了，嗓子疼。

    女：好的，请稍等。

    问：男的在做什么？

25. 女：我昨天从你们店里取回衣服，发现衣服被洗坏了。

    男：我看看。真对不起，按规定，我们可以赔您200块钱。

    女：200块？我这衣服1000块买的，才穿了两次。

    男：这是店里的规定，我也没办法。

    问：根据对话，下列哪项不正确？

26. 男：你怎么把皮鞋都拿出来了？

    女：我想给它们都擦上点儿油，想穿的时候，拿起来就能穿。

    男：鞋油中有对人体有害的物质，一次擦这么多，你还是戴上口罩吧。

    女：是吗？我马上就去找口罩。

    问：男的是什么意思？

27. 女：你怎么把油放得离炉火这么近？

    男：因为用着方便啊。

    女：食用油离火太近是很容易变质的。

    男：是吗？那就放远点儿。

    问：女的是什么意思？

28. 男：你刚才数了半天钱，怎么不洗手就吃苹果呢？

    女：我用毛巾擦过手了。

男：钱上有很多细菌，只擦擦怎么行呢？
女：我下次一定注意。
问：男的让女的做什么？

29. 女：你好，我要存钱。
    男：存多少？
    女：两万五。
    男：请把您的身份证给我。
    问：他们最可能在哪儿？

30. 男：去年国庆节咱们给职工们发了不少东西，今年发什么呢？
    女：购物卡怎么样？
    男：不好。咱们还是组织一次旅游吧。
    女：这是个好主意。
    问：今年国庆节可能会有什么安排？

第31到32题是根据下面一段对话：

女：我给你看一样东西。
男：啊，是风筝。这么小，还没有手掌大！它能飞起来吗？
女：当然了！比它再小的风筝也能飞起来，我昨天在风筝节上看到的。
男：你去看风筝表演了？
女：是呀。
男：那肯定比动物表演和杂技表演还有意思吧？
女：是的。风筝节上的风筝各式各样，小的比火柴盒还小，大的有几十米长。有一只龙形的风筝，十几个人才能放起来。你没见过吧？
男：没见过，真有意思，我们明天去放风筝吧。

31. 女的的风筝有多大？
32. 女的昨天做什么了？

第33到34题是根据下面一段对话：

男：你最近忙什么呢？
女：白天忙单位的事，下班就去跟教练学车。
男：你买车了吗？

男：你买车了吗？
女：还没买，只是有这个想法。我想再等等，听说车还会再降价。
男：有可能。你丈夫也学开车了吗？
女：他没学。
男：为什么呢？
女：他工作太忙了，没时间学。

33. 女的下班后做什么？
34. 女的的丈夫为什么没学开车？

第35到36题是根据下面一段话：

昨天我为自己买了一件大红色的羽绒服。其实，我们去的那家商店，这种样子的羽绒服有很多种颜色，可我一眼就看上了这件大红色的。我上大学以前还从来没有穿过这么红的衣服，在我的老家很少有人穿得这么鲜艳。上大学以后，我看到校园里同学们衣服都非常鲜艳，个个都那么精神，真让人羡慕！我常常想，自己又不老，为什么不能像她们一样穿得漂亮点儿呢？

35. 说话人为什么买了红色的羽绒服？
36. 说话人羡慕别的同学什么？

第37到38题是根据下面一段话：

现代人，无论大人还是孩子，每天都忙忙碌碌地生活着。我朋友的儿子今年六岁了，暑假期间，他每天下午都去少年宫学一个小时的乒乓球，每个星期六上午还要到音乐学校学一个小时的小提琴。通过这样的学习，孩子得到了体育锻炼和音乐的熏陶。朋友的妻子每天晚上7点到9点到服装学院学习服装设计，既充实了自己，又美化了生活。

37. 朋友的儿子什么时候去学乒乓球？
38. 下列哪项是朋友的儿子学习的收获？

第39到42题是根据下面一段话：

我是天津人，来自北京大学外语系，学习的是法语专业，现在大四。我的父亲是一位外语教师，母亲是一位从事法国文学研究的教授。受父母影响，我从小就对法国的语言、文学和文化很感兴趣。后来上大学的时候，我有幸作为一名文化交流生到法国学习了三个月。在这三个月中,我深深地被法国的建筑、服装、饮食和娱乐等各方面的文化所吸引。所以,毕业后我打算申请出国留学,到法国继续学习、深造。

39. 说话人现在可能在做什么?
40. 说话人学的是什么专业?
41. 说话人的母亲是做什么的?
42. 说话人毕业后打算做什么?

第43到45题是根据下面一段话:

有个叫张文举的农民,从小就梦想成为一名作家,为此,他坚持每天写作3000字。尽管他很勤奋,可从来没有一篇文章发表,甚至连退稿信都没有收到过。但他没有放弃,咬紧牙关在这块田园里努力耕作了十年。

29岁那年,张文举意外地接到了一个电话。那是他多年来一直坚持投稿的杂志的编辑打来的。编辑说:"看得出你是一位很努力的青年,但我不得不遗憾地告诉你,你的知识面还太窄,生活经历也还太少。不过我从你多年的来稿中发现,你的钢笔字写得越来越好……"

一番恳切的话语,打动了张文举的心。于是他放弃了写作,专心练习硬笔书法,现在已经成为了一位很有名气的硬笔书法家。

43. 张文举从小的理想是什么?
44. 电话是谁打来的?
45. 张文举是怎样成为硬笔书法家的?

听力考试现在结束。

听力专项训练(二)参考答案

听 力

第一部分

1. A	2. D	3. A	4. C	5. C
6. D	7. D	8. B	9. D	10. A
11. C	12. D	13. A	14. C	15. A
16. A	17. B	18. B	19. A	20. C

第二部分

21. C	22. B	23. D	24. A	25. D
26. D	27. D	28. A	29. A	30. C
31. B	32. C	33. B	34. C	35. C
36. A	37. B	38. A	39. C	40. A
41. D	42. A	43. C	44. D	45. C

听力专项训练（二）答案详解

第一部分

1. 男的说："刘教授主要从事翻译工作……"所以 A 项是正确答案。

2. 女的说："他（马爱华）还跟一个中国姑娘结了婚……还说要做一个合格的中国女婿。"可知马爱华是外国人。所以 D 项是正确答案。

3. 女的说："你爸爸的病很快就会好的。"男的说："谢谢大夫。"可知女的是大夫。所以 A 项是正确答案。

4. 女的说："请再等一等，我的习惯是写好后先自己修改几遍。"可知文章已经写好了，但还要修改，所以 D 项不正确，而 C 项是正确答案；女的并没有说什么时候能把文章交给男的，所以 A、B 两项也都不正确。

5. 男的说："明天不去就没有时间去了。"意思是，如果明天不去，以后就没有时间去了，因此明天必须去。所以 C 项是正确答案。

6. 女的说："她（爱玲）只买英语学习方面的书，从来不买小说、诗歌什么的。"可知爱玲的爱好最可能是学英语。所以 D 项是正确答案。

7. 男的说："我对那个村子并不陌生，我曾经在那儿生活过几年。"所以 D 项是正确答案。

8. 男的说："小宋这几天怎么总迟到？"女的说："他正在给一家杂志社写文章。"可知小宋这几天迟到了，是因为他正在给杂志社写文章。所以 A 项不正确，而 B 项是正确答案。

9. 女的说："这次旅游花了不少钱，却买了个不愉快。"可知女的这次旅游花了很多钱，但却并不愉快，所以 A、B 两项都不正确。男的说："你当初听我的建议就好了。"可知女的当初没听男的的建议，所以 D 项是正确答案。

10. 女的说："虽然在公司挣钱多一些，可是上下班的时间规定得很死。在大学里则比较自由。"可知女的想当大学老师是因为比较自由。所以 A 项是正确答案。

11. 女的问："你买房的钱准备得怎么样了？"男的说："差不多了。""差不多"的意思是"相差很少"，在这里的意思是买房子的钱快准备好了。所以 C 项是正确答案。

12. 男的问："你这次去云南调查，收获不小吧？"女的说："是不小。"可见女的去了云南调查，而且有很大的收获，所以 C 项不正确。女的又说："不过因为不了解当地的风俗习惯，也产生了不少误会。"可知女的并不是云南人，她不了解当地的风俗。所以 A 项不正确，而 D 项是正确答案。

13. 男的说："这是我在国外的哥哥寄来的。"可知男的的哥哥在国外，所以 A 项是正确答案。又说："我们很长时间没联系了……"可知他并不经常和哥哥联系，所以 B 项不正确。

14. 男的问："快下课的时候，老师说了什么？"女的说："他说明天我们班要去工厂参观。"可知老师是在快下课的时候通知去参观的。所以 C 项是正确答案。

15. 女的问："小王被公司录取了吗？"男的说："论专业知识、身体条件、工作能力他都没的说，就是没有通过英语考试。""论……没的说"这种固定搭配表示肯定，意思是"专业知识"、"身体条件"、"工作能力"这些方面都很好。小王没被录取，是因为没有通过英语考试，说明他的英语水平不符合公司的录取条件。所以 A 项是正确答案。

16. 男的说："我觉得这个女演员是我见过的最漂亮的明星。"女的说："我怎么没看出来？"这是一个反问句，意思是女的不认为那个女演员漂亮。所以 A 项是正确答案。

17. 男的说："他（李强）本来是最有希望夺冠的运动员，可惜赛前得了重病，不得不退出了比赛。"可知李强在比赛之前得了病，没有参加比赛。所以 B 项是正确答案。

18. 女的说："他（老王）大学毕业后就开始写小说，到去年年底，已经创作十部长篇小说了。"可知老王已经写了很多小说了。所以 B 项是正确答案。

19. 男的说："她怎么了？我昨天见她还好好儿的，今天怎么住院了？"男的用了两个问句表示疑问，而且女的的女儿昨天还没有病，今天就住院了，男的觉得很吃惊。所以 A 项是正确答案。

20. 男的问："风是怎么刮起来的呢？"女的说："……这样空气流动起来就形成了风。"可知他们在谈论风的成因。所以 C 项是正确答案。

第二部分

21. 女的问："你到家了吗？"男的说："到了……你现在在哪儿？"可知男的和女的相互并不知道对方在什么地方，两个人最可能在打电话。所以 C 项是正确答案。

22. 男的说："怎么这么巧呢？每次想跟你去看电影，你都有事。"可知男的约了女的很多次都没有成功，而且男的对于女的总是有事情，有点儿怀疑。所以 B 项是正确答案。

23. 女的说："下一站是体育场站，下车的乘客请作好准备。哪位给刚上车的这位老大爷让个座？"由 "下一站"、"下车的乘客"、"上车"、"让座" 等词语可知，他们最可能在公共汽车上。所以 D 项是正确答案。

24. 男的说："服务员，我要半只烤鸭、一盘烧牛肉、一条清蒸鱼，再来一个炒虾仁。"可知男的正在和服务员说话，他正在点菜。所以 A 项是正确答案。

25. 女的说："我昨天从你们店里取回衣服，发现衣服被洗坏了。"可知他们现在在洗衣店里，所以 C 项内容正确。男的说："我们可以赔您 200 块钱。"可知女的可以获得赔偿，所以 D 项内容不正确。女的说："200 块？我这衣服 1000 块买的，才穿了两次。"可知女的的衣服还非常新，而且非常贵，因而对赔偿的金额不满意，所以 A、B 两项内容都正确。所以 D 项是正确答案。

26. 男的说："鞋油中有对人体有害的物质，一次擦这么多，你还是戴上口罩吧。"可知男的认为鞋油对人体有害，让女的戴上口罩。所以 D 项是正确答案。

27. 女的说："你怎么把油放得离炉火这么近？"又说："食用油离火太近是很容易变质的。"可知女的认为油离炉火太近了。所以 D 项是正确答案。

28. 男的说："你……怎么不洗手就吃苹果呢？"这是一个反问句，意思是应该先洗手再吃苹果。又说："钱上有很多细菌，只擦擦怎么行呢？"这也是一个反问句，意思是只擦擦是不行的，应该洗手。所以 A 项是正确答案。

29. 女的问："我要存钱。"可知他们最可能在银行。所以 A 项是正确答案。

30. 男的说："去年国庆节咱们给职工们发了不少东西……"可知 "发东西" 是去年的安排，所以 A 项不正确。女的说："购物卡怎么样？"男的说："不好。"可知男的不同意发 "购物卡"，所以 D 项不正确。男的又说："咱们还是组织一次旅游吧。"女的说:"这是个好主意。"可知这个国庆节可能会组织外出旅游,所以C项是正确答案。

31. 男的说:"这么小,还没有手掌大!"可知女的的风筝没有手掌大。所以B项是正确答案。

32. 女的说:"我昨天在风筝节上看到的。"可知女的昨天去参加了风筝节。男的问:"你去看风筝表演了?"女的说:"是呀。"可知女的在风筝节上看了风筝表演。所以C项是正确答案。

33. 女的说:"下班就去跟教练学车。"可知女的下班后要学车。所以B项是正确答案。

34. 女的说:"他工作太忙了,没时间学。"可知女的的丈夫没有学车是因为没有时间。所以C项是正确答案。

35. 从录音中听到:"我看到校园里同学们衣服都非常鲜艳,个个都那么精神……我常常想,自己又不老,为什么不能像她们一样穿得漂亮点儿呢?"可知说话人觉得同学们的衣服很鲜艳,因而自己也想穿得鲜艳一点儿,漂亮一点儿。所以C项是正确答案。

36. 从录音中听到:"我看到校园里同学们衣服都非常鲜艳,个个都那么精神,真让人羡慕!"可知说话人羡慕的是同学们衣服鲜艳。所以A项是正确答案。

37. 从录音中听到:"我朋友的儿子……暑假期间,他每天下午都去少年宫学一个小时的乒乓球……"可知朋友的儿子是在暑假期间学习乒乓球的。所以B项是正确答案。

38. 从录音中听到:"通过这样的学习,孩子得到了体育锻炼和音乐的熏陶。"所以A项是正确答案。"充实自己"和"美化生活"是朋友的妻子学习服装设计的收获,所以C、D两项都不正确。

39. 从录音中听到:"我是天津人,来自……我的父亲是……我从小就对……毕业后我打算……"可知说话人是在介绍自己。所以C项是正确答案。

40. 从录音中听到"我……学习的是法语专业",所以A项是正确答案。

41. 从录音中听到:"母亲是一位从事法国文学研究的教授。"所以D项是正确答案。

42. 从录音中听到:"毕业后我打算申请出国留学,到法国继续学习、深造。"所以 A 项是正确答案。

43. 从录音中听到:"有个叫张文举的农民,从小就梦想成为一名作家……"所以 C 项是正确答案。

44. 从录音中听到:"那是他多年来一直坚持投稿的杂志的编辑打来的。"所以 D 项是正确答案。

45. 从录音中听到,杂志的编辑对张文举说:"……你的钢笔字写得越来越好……"又听到:"一番恳切的话语,打动了张文举的心。于是他放弃了写作,专心练习硬笔书法,现在已经成为了一位很有名气的硬笔书法家。"可知张文举之所以能成为硬笔书法家,是因为杂志编辑的引导。所以 C 项是正确答案。

新汉语水平考试
HSK（五级）
听力专项训练
（三）

听 力

第一部分

第1-20题：请选出正确答案。

1. A 玛丽写了名字
   B 男的和玛丽是同学
   C 男的帮玛丽写的作文
   D 男的熟悉玛丽的笔迹

2. A 儿童
   B 老人
   C 姑娘
   D 小伙子

3. A 不高兴
   B 没把握
   C 没兴趣
   D 很肯定

4. A 下星期要考试
   B 女的帮助男的考试
   C 女的昨天没来上课
   D 女的不想参加考试

5. A 绿茶
   B 红茶
   C 花茶
   D 乌龙茶

6. A 不知道号码
   B 忘了打电话
   C 小李电话关机
   D 小李电话坏了

7. A 儿子十岁了
   B 儿子很努力
   C 儿子得了奖
   D 儿子买了钢琴

8. A 结婚
   B 生孩子
   C 锻炼身体
   D 努力工作

9. A 孩子不听话
   B 孩子想去西边
   C 孩子找不到方向
   D 对孩子管得太严

10. A 喜欢开会
    B 喜欢放假
    C 不喜欢开会
    D 不喜欢放假

11. A 编辑
    B 班主任
    C 检察官
    D 交通警察

12. A 邮寄速度很慢
    B 男的在邮局工作
    C 女的现在要去邮局
    D 取包裹要带身份证

13. A 医生
    B 老板
    C 教师
    D 海员

14. A 相信
    B 怀疑
    C 高兴
    D 拒绝

15. A 女的天天去打拳
    B 男的天天去打拳
    C 那个公园比较大
    D 男的从不去公园

16. A 火车晚点了
    B 女的明天离开
    C 女的暂时不走
    D 女的八点出发

17. A 女的被录取了
    B 女的在打电话
    C 女的能力还不够
    D 男的不相信女的

18. A 同学
    B 师生
    C 亲戚
    D 邻居

19. A 生活与工作
    B 时间与效率
    C 学习与生活
    D 工作与休息

20. A 生病了
    B 生气了
    C 哭了一夜
    D 没休息好

第二部分

第21-45题：请选出正确答案。

21. A 多睡觉
    B 多运动
    C 多吃蔬菜
    D 多吃水果

22. A 没带伞
    B 雨太大
    C 伞太小
    D 伞借给了别人

23. A 修车
    B 开车
    C 翻译文件
    D 准备开会

24. A 超市
    B 书店
    C 饭店
    D 菜市场

25. A 去图书馆
    B 去电影院
    C 去教学楼
    D 待在宿舍

26. A 教师
    B 农民
    C 商人
    D 工人

27. A 不认识了
    B 有事忘了
    C 身体不舒服
    D 不想跟女的一起去

28. A 怀疑
    B 鼓励
    C 批评
    D 称赞

29. A 要上课
    B 要做作业
    C 想早睡觉
    D 要预习新课

30. A 上课后
    B 晚饭后
    C 晚饭前
    D 星期天

31. A 吃过了
    B 没进球
    C 太累了
    D 没看完

32. A 男的还不饿
    B 男的很高兴
    C 男的是球迷
    D 女的是球迷

33. A 银行
    B 火车站
    C 图书馆
    D 文具店

34. A 害怕堵车
    B 还要上班
    C 去取借书证
    D 多看会儿书

35. A 把牛给狮子
    B 把羊给狮子
    C 把兔子给狮子
    D 把猎物都给狮子

36. A 狼不尊敬狮子
    B 狮子脾气不好
    C 狮子想吃掉狼
    D 狮子对分配不满意

37. A 怕马健成为作家
    B 让马健成歌唱家
    C 觉得马健太辛苦
    D 想让马健多挣钱

38. A 不喜欢打扑克了
    B 和女朋友分手了
    C 发表了很多文章
    D 不再看书、写作了

39. A 战国时期
    B 春秋时期
    C 三国时期
    D 北宋时期

40. A 骑马
    B 买盐
    C 研究马
    D 推荐人才

41. A 出国访问
    B 调查民情
    C 买千里马
    D 购买食盐

42. A 马的身高
    B 马的皮毛
    C 马的眼睛
    D 马的叫声

43. A 1972 年
    B 1992 年
    C 1998 年
    D 2008 年

44. A 长野冬奥会
    B 悉尼奥运会
    C 北京奥运会
    D 巴塞罗那奥运会

45. A 1972 年
    B 1992 年
    C 1998 年
    D 2008 年

听力专项训练（三）听力材料

（音乐，30秒，渐弱）

大家好！欢迎参加 HSK（五级）考试。
大家好！欢迎参加 HSK（五级）考试。
大家好！欢迎参加 HSK（五级）考试。

HSK（五级）听力考试分两部分，共45题。
请大家注意，听力考试现在开始。

第一部分

第1到20题，请选出正确答案。现在开始第1题：

1. 女：你看看这是谁的作文？没写名字。
   男：我看看。这是咱们班玛丽写的，我熟悉她的笔迹。
   问：男的为什么说作文是玛丽的？

2. 男：不管男女老少，小宋都喜欢开个玩笑，尤其是跟姑娘们。
   女：据我观察，他确实这样。
   问：小宋最喜欢跟谁开玩笑？

3. 女：这件事就全拜托您了，您一定要帮帮我。
   男：我尽力吧，但不能保证肯定能办成。
   问：男的是什么态度？

4. 男：我怎么不知道下星期要考试？
   女：昨天上课的时候老师说的，你没来，当然不知道。
   问：根据对话，可以知道什么？

5. 女：我们店的红茶最有名，乌龙茶也卖得不错。还有绿茶，可以防癌。您要哪种？
   男：乌龙茶和红茶我都喝不惯，绿茶还好。
   问：男的最可能买什么茶？

6. 男：你通知小李下午开会了吗？
   女：给他打电话，一直关机，联系不上。

问：女的为什么没通知到小李？

7. 女：你今天怎么这么高兴？
   男：我儿子学习钢琴已经十年了，一直很努力，最近参加钢琴比赛得了一等奖。
   问：男的为什么高兴？

8. 男：听说最近有人给你介绍了一个男朋友，你为什么没去见面呢？你父母不是一直催你结婚吗？
   女：我最近工作真的很忙，哪有时间和精力去想这些事啊！
   问：女的的父母催她做什么？

9. 女：我家孩子最近也不知道怎么了，叫他往东，他偏往西。
   男：别担心，过了这个年龄段就会好一些。你也不要管得太严了。
   问：女的在担心什么？

10. 男：你这份工作也太辛苦了吧，连个假期都没有。
    女：放不放假我倒无所谓，只要别叫我开会就行。
    问：女的是什么意思？

11. 女：对不起，我不是故意闯红灯的，您就高抬贵手吧。
    男：咱们公事公办，请把你的驾驶执照拿出来。
    问：男的最可能是做什么的？

12. 男：您的包裹到了，请您带上身份证尽快来邮局取一下。
    女：真是太快了，我马上去取。
    问：根据对话，下列哪项不正确？

13. 女：你原来当大夫当得挺好的，为什么下海了呢？
    男：唉，做了两年生意，我觉得自己没那个本事，现在又回去工作了。
    问：男的现在做什么工作？

14. 男：小李好像很喜欢你。
    女：不可能，他怎么会喜欢我呀？
    问：女的是什么语气？

15. 女：听说学校附近那个小公园每天早上有很多人打太极拳。
    男：没错。我现在也成了他们中的一员了。
    问：根据对话，可以知道什么？

16. 男：你不是要坐八点的火车吗？怎么还在这儿？
    女：我刚接到电话，有新的任务，需要在这儿再待几天。
    问：根据对话，可以知道什么？

17. 女：刚才公司打电话通知我，我被录取了。
    男：你看我说对了吧！我一直相信你有这个能力。
    问：根据对话，可以知道什么？

18. 男：你的课堂笔记整理好了吗？借我看一下吧。
    女：老师讲的内容太多了，哪能这么快整理好？
    问：他们可能是什么关系？

19. 女：有的人在相同的时间里，可以比别人多做一两倍的事情。
    男：也有的人时间用得不少，却做不了几件事。
    问：他们在谈论什么？

20. 男：你怎么了？好像很累的样子。
    女：邻居家孩子哭了一夜，吵得我没睡好。
    问：女的怎么了？

第二部分

第21到45题，请选出正确答案。现在开始第21题：

21. 女：医生，我的身体没什么大毛病吧？
    男：没事，就是血压有点儿高，体重超重。你平时要多运动，比如跑步、游泳什么的。
    女：需要吃药吗？
    男：不用，多吃水果、蔬菜就可以了。
    问：根据对话，下列哪项不是医生的建议？

22. 男：你左边的衣服全湿了，你不是带雨伞了吗？
    女：小王今天没带伞，我俩一起打伞回来的，所以衣服的一边都湿了。
    男：看来以后得买把大点儿的伞。
    女：是呀。
    问：女的衣服为什么湿了？

23. 女：王秘书，请你把这份文件翻译成英文。
    男：经理，您什么时候要？

女：明天上午 9 点开会以前给我吧。
男：好的。我今晚开会儿夜车应该可以翻译完。
问：男的今天晚上要做什么？

24. 男：服务员，请把菜谱给我。
女：给您，前两页是我们的特色菜。先生，您现在点吗？
男：等一下，让我先看看。
女：等您选好了，随时可以叫我。
问：他们最可能在哪儿？

25. 女：外边真冷呀，雪还在不停地下。
男：我本来想去借本书回来看，可外边这么冷，我又不想出去了。
女：那你下午有什么安排？
男：干脆待在宿舍里看电视吧。
问：男的原来打算做什么？

26. 男：听说你爸爸来了，是吗？
女：是啊。我想带他在北京好好玩玩儿。
男：好不容易来一趟，这次得多住些日子吧。
女：他哪儿舍得他那几亩麦子啊，才来了一个星期就要回家了！
问：女的的爸爸是做什么的？

27. 女：咱们不是商量好了，今天下午一起去医院看老师吗？你怎么没去呢？
男：不好意思，下午单位有急事，我把去医院的事忘了。
女：大家以为你出了什么事，都很担心你！
男：对不起，我应该打电话告诉大家一声的。
问：男的为什么没去医院？

28. 男：这个月干下来，我能挣上 10 万块！
女：反正吹牛也不上税！
男：我是付出了艰苦劳动的，怎么能说是吹牛呢？
女：在没见到你的 10 万块钱之前，说什么都是空的。
问：女的是什么语气？

29. 女：今晚没课，咱们去看电影吧。
男：恐怕去不了，我作业还没做完呢。

女：要不写完作业再去，行吗？
男：作业挺多的，做完也就该睡觉了。
问：男的为什么不去看电影？

30. 男：今天的作业多不多？
女：多倒是不多，但是还有一篇作文，需要费点儿时间。
男：我做饭的时候你先把其他作业写完，吃了晚饭，再写那篇作文，好吗？
女：我也是这么计划的。
问：现在是什么时候？

第31到32题是根据下面一段对话：
女：别看了，快吃晚饭吧。
男：等一会儿，进一个球我就吃饭。
女：现在足球比赛结束了，这回该吃饭了吧。
男：不吃了。
女：为什么呢？
男：踢得太差劲了，一个球都没进！
女：你真是球迷啊！

31. 一开始，男的为什么不吃饭？
32. 根据对话，可以知道什么？

第33到34题是根据下面一段对话：
男：咱们快走吧，7点半到8点是上班的高峰时间，晚了肯定堵车。
女：这就走。早点儿去，还可以多看会儿书。
男：借书证带了没有？千万别忘了。
女：你要不说，我还真忘了。
男：笔记本、钢笔、钱包什么的都带了吗？
女：该带的都带了。
男：小心你的钱包。这样放不行，得放好。
女：谢谢你提醒我。

33. 他们要去哪儿？
34. 男的为什么要早点儿出发？

第 35 到 36 题是根据下面一段话：

有一次，狮子、狼和狐狸一块儿打猎，它们抓到了一只牛、一只羊和一只兔子。狮子叫狼分配食物，狼说："牛又高又大，归君王您；羊中等个儿，给我正合适；兔子小小的，分给狐狸吧。"狮子听了很生气，把狼杀了。狮子又对狐狸说："现在由你分配吧。"狐狸很小心地说："伟大的君王，这是明摆着的事啊！牛是您的午餐，羊是您的晚餐，兔子就给您当早点吧。"狮子高兴地说："你分配得非常合理，我太满意了！"

35. 狼是如何分配食物的？
36. 狮子为什么杀了狼？

第 37 到 38 题是根据下面一段话：

马健爱好写作，把所有的时间都用在了看书、写作上。一段时间下来，在报刊上发表了一些东西。后来，他找到了一个漂亮的女朋友。女朋友看他写得太苦太累，就心疼了，不断地叫他去唱歌、跳舞，后来又带上他和几个朋友打扑克。谁知道，马健渐渐迷上了这玩意儿，一打扑克就打到夜里两三点钟，扑克牌一收，牙也不刷，脚也不洗，上床就睡，把看书、写作的事全都忘到脑后去了。

37. 女朋友为什么叫马健去唱歌、跳舞？
38. 马健后来怎样了？

第 39 到 42 题是根据下面一段话：

春秋时期，有一个人叫伯乐，他对马很有研究。一次，伯乐受国王的委托，购买能日行千里的好马。伯乐对国王说："千里马很少，找起来很难，不过您别急，我会尽力把事情办好的。"

伯乐跑了好几个国家，非常辛苦。一天，伯乐在路上看到一匹马拉着盐车，很吃力地在陡坡上行进，每走一步都十分艰难。伯乐对马向来亲近，就走到马的跟前。马见伯乐走近，突然昂起头来瞪大眼睛，大声嘶鸣，好像要对伯乐倾诉什么。伯乐立刻从声音中判断出，这是一匹难得的好马。

39. 伯乐是什么时期的人？
40. 伯乐擅长做什么？
41. 国王委托伯乐做什么事？
42. 伯乐是从哪方面判断出拉盐车的马是好马？

第43到45题是根据下面一段话：

在奥运史上，吉祥物的第一次出现是在1972年慕尼黑奥运会上，此后吉祥物就成为构成一届奥运会形象特征的一部分，每一届奥运会吉祥物的揭晓都会吸引全世界的关注。

1992年巴塞罗那奥运会以前，奥运会吉祥物大多以举办国有特色的动物形象为创作原型，一般是一个物种。此后，奥运会的吉祥物出现了人物，数量也有了变化。1998年长野冬奥会吉祥物有4种，2000年悉尼奥运会有3种，2004年雅典奥运会有2种，而2008年北京奥运会吉祥物更多达5种。不管是什么样的形式，其基本的创作核心是有利于表达当届奥运会的主题，有利于表现主办城市独特的地域特征、历史文化和人文特色，同时有利于市场开发和保护。

43. 吉祥物第一次出现在奥运会上是哪一年？
44. 根据这段话，哪届奥运会上的吉祥物数量最多？
45. 哪一年奥运会的吉祥物开始出现了人物？

听力考试现在结束。

听力专项训练(三)参考答案

听 力

第一部分

1. D	2. C	3. B	4. A	5. A
6. C	7. C	8. A	9. A	10. C
11. D	12. A	13. A	14. B	15. B
16. C	17. A	18. A	19. B	20. D

第二部分

21. A	22. C	23. C	24. C	25. A
26. B	27. B	28. A	29. B	30. C
31. B	32. C	33. C	34. A	35. A
36. D	37. C	38. D	39. B	40. C
41. C	42. D	43. A	44. C	45. B

听力专项训练(三)答案详解

第一部分

1. 男的说:"这是咱们班玛丽写的,我熟悉她的笔迹。"所以 D 项是正确答案。

2. 男的说:"不管男女老少,小宋都喜欢开个玩笑,尤其是跟姑娘们。"可知小宋最喜欢跟姑娘开玩笑。所以 C 项是正确答案。

3. 男的说:"我尽力吧,但不能保证肯定能办成。"可知男的不知道自己能不能办成这件事情,没有把握。所以 B 项是正确答案。

4. 男的问:"我怎么不知道下星期要考试?"女的说:"昨天上课的时候老师说的,你没来,当然不知道。"可知下星期的确有考试,男的昨天没来上课,所以不知道。所以 A 项是正确答案。

5. 男的说:"乌龙茶和红茶我都喝不惯,绿茶还好。"可知男的最可能会买绿茶。所以 A 项是正确答案。

6. 女的说:"给他打电话,一直关机,联系不上。"可知女的没通知到小李是因为小李电话关机了。所以 C 项是正确答案。

7. 男的说:"我儿子……最近参加钢琴比赛得了一等奖。"可知男的高兴是因为他的儿子得了奖。所以 C 项是正确答案。

8. 男的说:"你父母不是一直催你结婚吗?"这是一个反问句,可知女的的父母一直在催女的结婚。所以 A 项是正确答案。

9. 女的说:"我家孩子最近也不知道怎么了,叫他往东,他偏往西。"其中"叫他往东,他偏往西"的意思是不听话,可知女的在担心孩子不听话。所以 A 项是正确答案。

10. 女的说:"放不放假我倒无所谓,只要别叫我开会就行。"意思是"不放假"她可以忍受,但是不能忍受"开会",可知她不喜欢开会。所以 C 项是正确答案。

11. 女的说:"我不是故意闯红灯的……"男的说:"请把你的驾驶执照拿出来。"由"闯红灯"、"驾驶执照"等词语可以看出男的最可能是交通警察。所以 D 项是正确答案。

12. 男的说:"您的包裹到了,请您带上身份证尽快来邮局取一下。"可知男的在邮局工作,且取包裹要带身份证,B、D两项都正确。女的说:"真是太快了,我马上去取。"可知女的觉得邮寄速度很快,她马上就去邮局,所以C项正确,而A项不正确。所以A项是正确答案。

13. 女的说:"你原来当大夫当得挺好的……"可知男的原来是医生。男的说:"……现在又回去工作了。"可知男的现在又回去做原来的工作了,也就是继续当医生。所以A项是正确答案。

14. 女的说:"不可能,他怎么会喜欢我呀?"这是一个反问句,可知女的认为小李不可能喜欢自己,也就是表示怀疑。所以B项是正确答案。

15. 女的说:"听说学校附近那个小公园每天早上有很多人打太极拳。"男的说:"我现在也成了他们中的一员了。""成为……的一员"意思是"参与其中",可知男的现在也每天早上去小公园打太极拳。所以B项是正确答案。

16. 女的说:"我……有新的任务,需要在这儿再待几天。"可知女的暂时不走了。所以C项是正确答案。

17. 女的说:"刚才公司打电话通知我,我被录取了。"可知女的被录取了,是刚才电话里通知的,女的现在没有在打电话。所以A项是正确答案,而B项不正确。男的说:"我一直相信你有这个能力。"可知男的一直很相信女的的能力,所以C、D两项也都不正确。

18. 男的问:"你的课堂笔记整理好了吗?"女的说:"老师讲的内容太多……"可知男的和女的一起上课,他们应该是同学关系。所以A项是正确答案。

19. 女的说:"有的人在相同的时间里,可以比别人多做一两倍的事情。"意思是有的人工作效率很高。男的说:"也有的人时间用得不少,却做不了几件事。"意思是有的人工作效率很低。可知两个人在讨论时间与工作效率的问题。所以B项是正确答案。

20. 女的说:"邻居家孩子哭了一夜,吵得我没睡好。"可知女的没睡好觉,也就是没休息好。所以D项是正确答案。

第二部分

21. 男的说:"你平时要多运动,比如跑步、游泳什么的。"可知 B 项是医生的建议。又说:"多吃水果、蔬菜就可以了。"可知 C、D 两项也都是医生的建议。所以 A 项是正确答案。

22. 女的说:"小王今天没带伞,我俩一起打伞回来的,所以衣服的一边都湿了。"男的说:"看来以后得买把大点儿的伞。"可知女的一边的衣服湿了,是因为她的伞太小。所以 C 项是正确答案。

23. 男的说:"我今晚开会儿夜车应该可以翻译完。""开夜车"的意思是"熬夜",可知男的今晚要熬夜翻译文件。所以 C 项是正确答案。

24. 男的说:"服务员,请把菜谱给我。"女的说:"给您,前两页是我们的特色菜。先生,您现在要点吗?"可知男的正在和服务员说话,要看菜谱准备点菜,他们最可能在饭店里。所以 C 项是正确答案。

25. 男的说:"我本来想去借本书回来看……"可知男的原来打算去图书馆借书。所以 A 项是正确答案。

26. 女的说:"他哪儿舍得他那几亩麦子啊……"可知女的的爸爸是种地的农民。所以 B 项是正确答案。

27. 男的说:"下午单位有急事,我把去医院的事忘了。"可知男的没去医院,是因为有事忘了。所以 B 项是正确答案。

28. 女的说:"反正吹牛也不上税!""吹牛不上税"的意思是"说大话,而且不用为自己说的大话负责",可知女的觉得男的是在吹牛、说大话,也就是对男的表示怀疑。所以 A 项是正确答案。

29. 男的说:"恐怕去不了,我作业还没做完呢。"可知男的不去看电影是因为要做作业。所以 B 项是正确答案。

30. 男的说:"我做饭的时候你先把其他作业写完,吃了晚饭……"可知他们正准备吃晚饭,现在应该是在晚饭前。所以 C 项是正确答案。

31. 一开始,男的说:"等一会儿,进一个球我就吃饭。"可知男的开始的时候不吃饭是因为还没有进球。所以 B 项是正确答案。

32. 男的说:"不吃了。"又说:"踢得太差劲了,一个球都没进!"可知男的不是不饿,而是因为没有进球心情不好,不想吃饭,所以 A、B 两项都不正确。女的说:"你真是球迷啊!"可知男的是球迷,女的不是,所以 C 项是正确答案,而 D 项不正确。

33. 女的说:"早点儿去,还可以多看会儿书。"男的说:"借书证带了没有?"由"看书"、"借书证"等词语可知,他们要去图书馆。所以 C 项是正确答案。

34. 男的说:"咱们快走吧……晚了肯定堵车。"可知男的要早点儿出发,是因为害怕堵车。所以 A 项是正确答案。

35. 从录音中听到,狼说:"牛又高又大,归君王您;羊中等个儿,给我正合适;兔子小小的,分给狐狸吧。"可知狼打算把牛分配给狮子,把羊给自己,把兔子给狐狸。所以 A 项是正确答案。

36. 从录音中听到:"狮子听了很生气,把狼杀了。"可知狮子杀狼,是因为它对狼的分配不满意。所以 D 项是正确答案。

37. 从录音中听到:"女朋友看他写得太苦太累,就心疼了,不断地叫他去唱歌、跳舞……"可知女朋友叫马健去唱歌、跳舞,是因为担心他太辛苦。所以 C 项是正确答案。

38. 从录音中听到:"马健渐渐迷上了这玩意儿,一打扑克就打到夜里两三点钟……把看书、写作的事全都忘到脑后去了。"可知马健后来迷上了打扑克,不再看书、写作了。所以 A 项不正确,而 D 项是正确答案。既然马健不再写作了,也就不能再在报刊上发表文章了,所以 C 项不正确。录音中没有提到马健最后是否和女朋友分手了,所以 B 项也不正确。

39. 从录音中听到:"春秋时期,有一个人叫伯乐……"可知伯乐是春秋时期的人。所以 B 项是正确答案。

40. 从录音中听到:"他(伯乐)对马很有研究。"可知伯乐擅长研究马。所以 C 项是正确答案。

41. 从录音中听到:"一次,伯乐受国王的委托,购买能日行千里的好马。"可知国王委托伯乐买马,而且是能日行千里的好马,也就是"千里马"。所以 C 项是正确答案。

42. 从录音中听到："马……大声嘶鸣……伯乐立刻从声音中判断出，这是一匹难得的好马。"可知伯乐从马的叫声判断出这是一匹好马。所以 D 项是正确答案。

43. 从录音中听到："在奥运史上，吉祥物的第一次出现是在 1972 年慕尼黑奥运会上……"所以 A 项是正确答案。

44. 从录音中听到："而 2008 年北京奥运会吉祥物更多达 5 种。"可知北京奥运会的吉祥物数量最多。所以 C 项是正确答案。

45. 从录音中听到："1992 年巴塞罗那奥运会以前……此后，奥运会的吉祥物出现了人物……"可知从 1992 年开始吉祥物出现了人物。所以 B 项是正确答案。

新汉语水平考试
HSK（五级）
听力专项训练
（四）

听 力

第 一 部 分

第1-20题：请选出正确答案。

1. A 赞同
   B 命令
   C 反对
   D 怀疑

2. A 女的应该点菜
   B 女的应该请客
   C 吃什么都可以
   D 什么也不想吃

3. A 购物
   B 送礼
   C 问候
   D 劝解

4. A 女的喝得不多
   B 女的可以再喝
   C 女的不能开车
   D 不知道女的去哪儿

5. A 很犹豫
   B 答应帮忙
   C 觉得很麻烦
   D 事情不好办

6. A 在讲价
   B 多找了钱
   C 少找了钱
   D 找错了钱

7. A 不想参加
   B 身体不好
   C 需要出国
   D 外出旅游

8. A 女的没有中奖
   B 女的经常做梦
   C 女的中了大奖
   D 男的非常高兴

9. A 女的记性不好
   B 男的记性很好
   C 男的记性不好
   D 女的不喜欢男的

10. A 生病了
    B 不想上课
    C 要回老家
    D 奶奶去世了

11. A 为了找工作
    B 考试很容易
    C 喜欢做律师
    D 律师工资高

12. A 经常下雨
    B 总是阴天
    C 非常闷热
    D 经常有雷阵雨

13. A 优惠期还没到
    B 菜的原价是 40 元
    C 菜的原价是 50 元
    D 男的可以享受特价

14. A 女的家在北京
    B 男的不想回去
    C 女的想逛公园
    D 男的要吃烤鸭

15. A 不看电视
    B 电视剧很好看
    C 电视剧不好看
    D 看电视浪费时间

16. A 自私
    B 热情
    C 负责
    D 关心别人

17. A 同意
    B 同情
    C 犹豫
    D 拒绝

18. A 男的儿子高中毕业了
    B 男的不让孩子考大学
    C 男的儿子要考名牌大学
    D 男的儿子学习成绩不好

19. A 高兴
    B 难过
    C 肯定
    D 怀疑

20. A 女的不爱骑车
    B 女的比较马虎
    C 男的爱丢东西
    D 女的得了重病

第二部分

第21-45题：请选出正确答案。

21. A 拍照
    B 讨论旅游路线
    C 评论旅游景点
    D 欣赏旅游照片

22. A 旅游
    B 养花
    C 照相
    D 逛动物园

23. A 女的不会做饭
    B 女的很会做饭
    C 女的每天都做饭
    D 女的的爱人不爱做饭

24. A 男的经常生病
    B 小刘工作出色
    C 小刘是正局长
    D 小刘的丈夫升职了

25. A 公园
    B 朋友家
    C 动物园
    D 幼儿园

26. A 责备
    B 怀疑
    C 称赞
    D 鼓励

27. A 陪妈妈看病
    B 陪哥哥看病
    C 和哥哥调研
    D 和哥哥旅游

28. A 准备手术
    B 准备考研
    C 照顾爸爸
    D 巡回演出

29. A 责备
    B 信任
    C 猜测
    D 担心

30. A 工作
    B 白开水
    C 语言学
    D 文学作品

31. A 搬家
    B 装修
    C 锻炼
    D 讨论工作

32. A 男的家后面那座楼
    B 男的家前面那座楼
    C 男的家右边那座楼
    D 男的家左边那座楼

33. A 进行家访
    B 接他下班
    C 请教问题
    D 送还失物

34. A 出租车上
    B 男的家里
    C 学校门口
    D 汽车公司

35. A 很有文采
    B 有些错误
    C 没有错字
    D 像感谢信

36. A 被公司骂了
    B 没找到工作
    C 提醒了公司
    D 被公司录用了

37. A 教师
    B 导游
    C 秘书
    D 推销员

38. A 性格
    B 长相
    C 学历
    D 工作经验

39. A "年"会吃人
    B "年"会放火
    C "年"会抢东西
    D "年"会杀小孩儿

40. A 除夕
    B 新年
    C 中秋节
    D 清明节

41. A 鞭炮和老人
    B 火光和红色
    C 老人和动物
    D 对联和灯笼

42. A 除夕的来历
    B 鞭炮的来历
    C 对联的来历
    D 过年的来历

43. A 有味道
    B 不安全
    C 很普通
    D 价格高

44. A 解渴、利尿
    B 促进血液循环
    C 使皮肤光滑细嫩
    D 根治心脑血管疾病

45. A 拉肚子
    B 会中毒
    C 降低食欲
    D 引发癌症

— 66 —

听力专项训练(四)听力材料

(音乐,30秒,渐弱)

大家好!欢迎参加 HSK(五级)考试。
大家好!欢迎参加 HSK(五级)考试。
大家好!欢迎参加 HSK(五级)考试。

HSK(五级)听力考试分两部分,共45题。
请大家注意,听力考试现在开始。

第一部分

第1到20题,请选出正确答案。现在开始第1题:

1. 男:昨天请朋友们到家里吃饭,他们都夸我做的菜好吃。
   女:真的吗?我以为你只会煮方便面呢。
   问:女的是什么语气?

2. 女:今天咱们吃点儿什么?
   男:我无所谓,你随便点几个菜吧。
   问:男的是什么意思?

3. 男:这是我的一点儿心意,希望您收下。
   女:谢谢。
   问:他们在做什么?

4. 女:我喝得不多,开车没问题。
   男:那怎么行啊?
   问:男的是什么意思?

5. 男:我有件事想麻烦你。
   女:什么麻烦不麻烦的,说吧。
   问:女的是什么态度?

6. 女:对不起,你找错钱了。
   男:是吗?多找了还是少找了?
   问:关于男的,可以知道什么?

7. 男：30号的会议你参加吗？
   女：我参加不了了。28号我得去国外出差，一周后才能回来。
   问：女的为什么不参加会议？

8. 女：我昨天晚上梦见自己中大奖了，奖金有一个亿呢！
   男：你想得可真美。
   问：根据对话，下列哪项正确？

9. 男：咱们要去旅游的那个地方叫什么来着？
   女：瞧你这记性，跟你说过多少遍了，还是记不住。
   问：根据对话，可以知道什么？

10. 女：小林怎么没来上课？他病了吗？
    男：不是。小林的奶奶去世了，他让我给他请三天假。
    问：小林为什么请假？

11. 男：你最近忙什么呢？
    女：我在准备律师资格考试呢，现在律师这个行业很好找工作。
    问：女的为什么要参加律师资格考试？

12. 女：听说明天有雷阵雨，是吗？
    男：是啊，这几天太热了，赶紧下点儿雨凉快凉快吧。
    问：最近天气怎么样？

13. 男：服务员，你们是不是弄错了，这个菜不是40元吗？
    女：先生，40元是特价，现在已经过了优惠期，所以是50元。
    问：根据对话，下列哪项正确？

14. 女：再住几天吧，你们工作忙，难得来一次！
    男：烤鸭吃了，公园逛了，天安门看了，也知道北京漂亮了，接下来该回去好好工作了。
    问：根据对话，可以知道什么？

15. 男：这部电视剧有你想象的那么好吗？
    女：简直是浪费我的时间。
    问：女的是什么意思？

16. 女：张科长遇事只为自己着想，从来不考虑别人。
    男：是啊，他只做对自己有好处的事。
    问：张科长有什么特点？

17. 男：这次考试的作文题目是什么？老师，提前告诉我们一下吧。
    女：那怎么行啊？考试题目是保密的。
    问：女的是什么态度？

18. 女：听说你儿子今年高中毕业，想好报哪所大学了吗？
    男：这个不敢想，目前的问题是他高中能否顺利毕业。
    问：根据对话，可以知道什么？

19. 男：公司下个月开始进行工资改革，你知道吗？
    女：你从哪儿得到的消息？准确吗？不是说半年后才开始吗？
    问：女的是什么语气？

20. 女：糟糕，我把车钥匙弄丢了。
    男：你呀，丢三落四的毛病总改不了！
    问：根据对话，可以知道什么？

第二部分

第21到45题，请选出正确答案。现在开始第21题：

21. 男：这是我的相册，是我今年去旅游时照的。
    女：这么多呀！看你的相册等于我也去旅游了一趟。
    男：我最满意的是在长城照的这张。
    女：在天安门前的这一张也不错。还有这张，多精神啊！
    问：他们在做什么？

22. 女：这儿的花多漂亮啊！在这儿给我照一张吧。
    男：你看，那边也不错，鸭子在小河里游，羊群在岸边吃草，画面多美啊！
    女：我先在这儿照一张，然后再到那边去照，今天我要多照几张。
    男：好吧，今天你想照多少张都可以。
    问：他们在做什么？

23. 男：你会做饭吗？
    女：我们家凡是请客人到家里来吃饭，都是我做。
    男：那你爱人呢？
    女：他只能打个下手。
    问：根据对话，可以知道什么？

24. 女：小刘的丈夫又高升了，现在是局长了。
    男：他工作真的很努力。
    女：什么时候你也干出个样子给我看看？
    男：最近家里事情太多了，我很难专心工作。
    问：根据对话，可以知道什么？

25. 男：天太晚了，咱们回去吧。
    女：爸爸，我想再玩儿一会儿。
    男：好吧，那就再玩儿十分钟。明天从幼儿园回来还可以来公园玩儿啊！
    女：妈妈说明天带我去动物园玩儿。
    问：他们现在最可能在什么地方？

26. 女：你看，我朋友家的女儿才三岁，画的画儿就这么好。
    男：可不是！这大公鸡画得还挺精神的！
    女：这张画的是一棵苹果树，树下还有羊在吃草。
    男：这孩子在画画儿方面真是个天才！
    问：他们是什么语气？

27. 男：暑假快到了，你计划去哪儿旅游呢？
    女：暑假我要去美国，我妈妈和哥哥都在那里。
    男：就是说你要到美国旅游了？
    女：不是去旅游，我妈妈病了，我得去陪她看病。我哥哥在搞调研，实在没有时间。
    问：女的暑假计划做什么？

28. 女：这些日子怎么没看见你呢？
    男：我爸爸做手术住院了，我哥哥正准备考研究生，没有时间，所以我得天天跑医院。
    女：你姐姐不能替替你吗？
    男：她正组织学生在全国巡回演出，怎么离得开啊？
    问：男的现在在忙什么？

29. 男：你说小李这个人，怎么那么靠不住呢？
    女：你让他办什么事了？
    男：星期三他去城里办事，我让他帮忙把羽绒服给我孩子送去。可今天都周五了，孩子打电话来说，还没有收到羽绒服。
    女：这两天冷，说不定他把羽绒服穿在自己身上了。
    问：男的是什么语气？

30. 女：这本书你看完了吗？
    男：看完了，我深深地被主人公的敬业精神感动了，还想再看一遍。
    女：这本书语言也很美，我作了不少摘录。
    男：有的作品，读起来像在喝白开水，一点儿味道都没有。这本书却让人回味无穷。
    问：他们在谈论什么？

第31到32题是根据下面一段对话：

    男：你每天早晨都来跑步吗？
    女：不是，这是我第一次来。
    男：我说怎么没见过你呢。
    女：我们刚刚在这附近买的房子。
    男：怪不得，我们也刚搬来没多久。什么时候到我家来玩儿吧？我就住在这座楼里。
    女：好啊。我家就在你家后面那座楼，有空儿过来玩儿。

31. 他们在做什么？
32. 女的住哪座楼？

第33到34题是根据下面一段对话：

    女：喂，是王老师吗？
    男：是我。
    女：我是出租汽车公司的，您的手提包找到了，司机王师傅中午就把它交到公司了。
    男：是吗？太感谢你们了！
    女：王老师，我们派人给您送去，请问您什么时候在家？
    男：那太不好意思了。我下午有课，5点才下课。您来的时候先给我打个电话吧，我到学校大门口等你们。

女：好的，不见不散！

33. 女的为什么给男的打电话？
34. 他们要在哪儿见面？

第 35 到 36 题是根据下面一段话：

一个年轻人寄简历到一些公司去应聘。其中有一家公司给他回信说："虽然你认为自己的文采很好，但是，在你的来信中我们发现很多语法错误，甚至有些字都写错了。"年轻人收到信后非常生气，但是转念一想，又觉得对方可能说得对，也许自己在语法和用词上确实犯了错误，只是自己没有意识到。于是，他写了一封感谢信给这家公司，感谢他们提醒自己。没想到，几天以后他又收到了这家公司的回信，信上说，他已经被录用了，很快就可以去公司上班了。

35. 那家公司认为年轻人的简历写得怎么样？
36. 年轻人最后怎么了？

第 37 到 38 题是根据下面一段话：

很荣幸，今天我加入了导游这个大家庭。记得刚刚毕业的时候我做过两个月的导游，当时觉得太辛苦了，所以转行做了办公室秘书。后来在办公室待的时间长了，我又开始向往导游自由自在的工作环境。于是我又找出自己的导游证，应聘到咱们公司来，跟大家在一起工作。我希望大家多多帮助我。我知道自己还有很多不足，经验也不够多，我会在今后的工作中加倍努力的。

37. 说话人刚毕业时的第一份工作是什么？
38. 说话人对自己哪方面不太满意？

第 39 到 42 题是根据下面一段话：

传说，中国古时候有一种叫"年"的怪物，它长着长长的头和尖尖的角，非常凶猛。每到除夕，"年"就会到附近的村子里吃人。因此每到这个时候，村里的人都要逃到山里，躲避"年"的伤害。

有一年除夕，村里来了一个白发老人，他对村里人说要帮助大家赶走怪物。到了晚上，"年"像往常一样准备闯进村子的时候，突然听到了爆竹的响声，它吓坏了。等它进到村子里，老人穿着一身红衣服走了过来，"年"见了红色，赶紧逃走了。原来"年"最怕火光和红色。

大家这才明白，原来老人是一位神仙。从此，每到除夕，家家都贴红对联、放爆竹、挂红灯笼。这也就是中国人"过年"的来历。

39. 人们为什么要躲避"年"？
40. "年"什么时候到村子里来？
41. "年"最怕什么？
42. 这段话主要讲什么？

第43到45题是根据下面一段话：

白开水是日常生活中人们喝得最多的水。它清淡无味，极其普通，但对人体的生理机制却有很重要的调理作用。早晨空腹喝上一杯温热的白开水，对身体百益而无一害。对中老年人来说，喝白开水不仅能稀释血液，促进血液循环，还能减少血栓危险，防止心脑血管疾病的发生。对年轻人来说，晚上临睡前喝杯白开水，不但能够起到解渴、利尿的作用，还能使皮肤变得光滑细嫩。

喝白开水似乎是很平常、很简单的事，但是很多人不知道，水要烧沸三分钟才能饮用。这是因为，自来水多半是来自江湖中的水，这些水送到自来水厂后要经过消毒处理，如果水没有充分烧沸，水中的化学物质就会沉积在人体之中，久而久之容易引发癌症。

43. 白开水的特点是什么？
44. 下列哪项不是白开水的作用？
45. 经常喝没有充分烧开的水可能会怎么样？

听力考试现在结束。

听力专项训练(四)参考答案

听 力

第一部分

1. D	2. C	3. B	4. C	5. B
6. D	7. C	8. A	9. C	10. D
11. A	12. C	13. C	14. A	15. C
16. A	17. D	18. D	19. D	20. B

第二部分

21. D	22. C	23. B	24. D	25. A
26. C	27. A	28. C	29. A	30. D
31. C	32. A	33. D	34. C	35. B
36. D	37. B	38. D	39. A	40. A
41. B	42. D	43. C	44. D	45. D

听力专项训练(四)答案详解

第一部分

1. 男的说:"他们都夸我做的菜好吃。"女的说:"真的吗?我以为你只会煮方便面呢。"可知女的不相信男的做的菜好吃,以为他只会煮方便面,因此是对男的表示怀疑。所以D项是正确答案。

2. 男的说:"我无所谓,你随便点几个菜吧。"其中"无所谓"表示"没什么关系",在这里的意思是"吃什么都没有关系,吃什么都可以"。所以C项是正确答案。

3. 男的说:"这是我的一点儿心意,希望您收下。""心意"的意思是"对人的真情、情意",是送礼时常用的词语。所以B项是正确答案。

4. 女的说:"我喝得不多,开车没问题。"男的说:"那怎么行啊?"这是一个反问句,意思是"这样做不行",可知男的认为女的喝了酒,不能开车。所以C项是正确答案。

5. 女的说:"什么麻烦不麻烦的,说吧。"意思是这件事谈不上"麻烦"或"不麻烦",无论是不是麻烦,女的都愿意帮忙。所以B项是正确答案。

6. 女的说:"你找错钱了。"可知男的找错了钱。男的问:"多找了还是少找了?"可知男的并不知道是多找了钱,还是少找了钱。所以B、C两项不正确,而D项是正确答案。

7. 女的说:"28号我得去国外出差,一周后才能回来。"可知女的不能参加会议,是因为要出国。所以C项是正确答案。

8. 女的说:"我昨天晚上梦见自己中大奖了,奖金有一个亿呢!"可知中奖只是女的做的梦,不是真的,所以C项不正确,而A项是正确答案。男的说:"你想得可真美。""想得美"意思是"想法不现实",并不是说男的非常高兴,所以D项也不正确。对话中没有提到女的是否经常做梦,所以B项也不正确。

9. 女的说:"瞧你这记性,跟你说过多少遍了,还是记不住。"可知男的记性不好。所以C项是正确答案。

10. 男的说:"小林的奶奶去世了,他让我给他请三天假。"可知小林请假是因为他的奶奶去世了。所以D项是正确答案。

11. 女的说："现在律师这个行业很好找工作。"可知女的参加律师资格考试，是为了找工作。所以 A 项是正确答案。

12. 男的说："这几天太热了，赶紧下点儿雨凉快凉快吧。"可知最近的天气非常闷热。所以 C 项是正确答案。

13. 女的说："40 元是特价，现在已经过了优惠期，所以是 50 元。"可知这个菜在优惠期时是特价 40 元，原价是 50 元，现在已经过了优惠期，男的不能享受特价了。所以 A、B、D 三项都不正确，而 C 项是正确答案。

14. 女的说："再住几天吧……难得来一次！"男的说："烤鸭吃了，公园逛了，天安门看了，也知道北京漂亮了，接下去该回去好好工作了。"可知男的是从外地来北京旅游的，女的家在北京；男的在北京吃了烤鸭，逛了公园，打算回去了。所以 B、C、D 三项都不正确，而 A 项是正确答案。

15. 女的说："简直是浪费我的时间。"意思是看这部电视剧是浪费时间，可知女的觉得这部电视剧不好看。所以 C 项是正确答案。

16. 女的说："张科长遇事只为自己着想，从来不考虑别人。"男的说："他只做对自己有好处的事。"可知张科长是一个只为自己考虑的人，也就是说他非常自私。所以 A 项是正确答案。

17. 女的说："那怎么行啊？"这是一个反问句，意思是提前透露作文题目是不行的。女的又说："考试题目是保密的。"可知女的拒绝提前透露作文题目。所以 D 项是正确答案。

18. 女的问："想好报哪所大学了吗？"男的说："这个不敢想，目前的问题是他高中能否顺利毕业。"意思是男的认为现在顾不上考虑报哪所大学的事情，儿子还不一定能够顺利地高中毕业，可知男的的儿子学习成绩可能不好。所以 D 项是正确答案。

19. 女的说："你从哪儿得到的消息？准确吗？不是说半年后才开始吗？"女的一连用了三个问句，想知道男的所说的消息是否准确，可知女的对男的的话有点儿怀疑。所以 D 项是正确答案。

20. 男的说："你呀，丢三落四的毛病总改不了！""丢三落四"的意思是"做事马虎粗心，不是丢了这个，就是丢了那个"。所以 B 项是正确答案。

第二部分

21. 男的说:"这是我的相册,是我今年去旅游时照的。"又说:"我最满意的是在长城照的这张。"由"相册"、"照"、"张"等词语可知,男的和女的正在看相册里男的旅游时的照片。所以 D 项是正确答案。

22. 女的说:"在这儿给我照一张吧。"又说:"我先在这儿照一张,然后再到那边去照,今天我要多照几张。"可知他们正在照相。所以 C 项是正确答案。

23. 女的说:"我们家凡是请客人到家里来吃饭,都是我做。"请客人到家里来吃饭需要较高的做饭水平,可知女的很会做饭。所以 B 项是正确答案。

24. 女的说:"小刘的丈夫又高升了,现在是局长了。"男的说:"他工作真的很努力。"可知小刘的丈夫工作很出色,升职了,现在是局长了。所以 B、C 两项都不正确,而 D 项是正确答案。

25. 男的说:"明天从幼儿园回来还可以来公园玩儿啊!"可知他们现在是在公园。所以 A 项是正确答案。

26. 女的说:"我朋友家的女儿才三岁,画的画儿就这么好。"男的说:"可不是!"又说:"这孩子在画画儿方面真是个天才!"可知男的和女的在称赞朋友家的孩子画画儿画得好。所以 C 项是正确答案。

27. 女的说:"暑假我要去美国……"又说:"不是去旅游,我妈妈病了,我得去陪她看病。"可知女的去美国是陪妈妈看病。所以 A 项是正确答案。

28. 男的说:"我爸爸做手术住院了……所以我得天天跑医院。"意思是男的每天都要去医院照顾爸爸。所以 C 项是正确答案。

29. 男的说:"小李这个人,怎么那么靠不住呢?"又说:"我让他帮忙把羽绒服给我孩子送去。可今天都周五了,孩子打电话来说,还没有收到羽绒服。"可知男的请小李帮忙,但是小李没有做到,男的是在责备小李的做法。所以 A 项是正确答案。

30. 女的说:"这本书你看完了吗?"又说:"这本书语言也很美……"男的说:"有的作品……一点儿味道都没有。这本书却让人回味无穷。"可知男的和女的正在讨论文学作品。所以 D 项是正确答案。

31. 男的说:"你每天早晨都来跑步吗?"可知他们正在跑步锻炼。所以 C 项是正确答案。

32. 女的说:"我家就在你家后面那座楼……"所以 A 项是正确答案。

33. 女的说:"您的手提包找到了……"可知女的给男的打电话,是因为找到了男的的手提包,要还给他。所以 D 项是正确答案。

34. 男的说:"我到学校大门口等你们。"可知男的和女的要在学校门口见面。所以 C 项是正确答案。

35. 从录音中听到,公司在给年轻人的回信中说:"在你的来信中我们发现很多语法错误,甚至有些字都写错了。"可知公司认为年轻人的简历有些错误。所以 B 项是正确答案。

36. 从录音中听到:"几天以后他又收到了这家公司的回信,信上说,他已经被录用了……"可知年轻人最后被公司录用了。所以 D 项是正确答案。

37. 从录音中听到:"记得刚刚毕业的时候我做过两个月的导游……"可知说话人刚毕业时的第一份工作是导游。所以 B 项是正确答案。

38. 从录音中听到:"我知道自己还有很多不足,经验也不够多……"可知说话人对自己的工作经验不太满意。所以 D 项是正确答案。

39. 从录音中听到:"每到除夕,'年'就会到附近的村子里吃人。因此……村里的人都要逃到山里,躲避'年'的伤害。"可知人们躲避"年"是因为它会吃人。所以 A 项是正确答案。

40. 从录音中听到:"每到除夕,'年'就会到附近的村子里吃人。"可知"年"在除夕的时候到村子里来。所以 A 项是正确答案。

41. 从录音中听到:"原来'年'最怕火光和红色。"所以 B 项是正确答案。

42. 从录音最后听到:"这也就是中国人'过年'的来历。"可知这段话主要在讲过年的来历。所以 D 项是正确答案。

43. 从录音中听到:"它清淡无味,极其普通……"可知白开水没有味道而且很普通。所以 C 项是正确答案。

44. 从录音中听到:"喝白开水不仅能稀释血液,促进血液循环,还能减少血栓危险，防止心脑血管疾病的发生……不但能够起到解渴、利尿的作用，还能使皮肤变得光滑细嫩。"可知喝白开水的作用包括：稀释血液、促进血液循环、减少血栓危险、防止心脑血管疾病、解渴、利尿、使皮肤光滑细嫩等，所以A、B、C三项都是喝白开水的作用。而喝白开水只能防止心脑血管疾病，却不能根治，所以D项是正确答案。

45. 从录音最后听到："如果水没有充分烧沸，水中的化学物质就会沉积在人体之中，久而久之容易引发癌症。"可知经常喝没有充分烧开的水可能会引发癌症。所以D项是正确答案。

新汉语水平考试
HSK（五级）
听力专项训练
（五）

一、听 力

第一部分

第1-20题：请选出正确答案。

1. A 非常累
   B 很轻松
   C 很幽默
   D 非常难

2. A 一定会请客
   B 应该感谢大家
   C 现在没钱请客
   D 没把握考上大学

3. A 帮女的找工作
   B 女的找到了工作
   C 女的不用找工作
   D 女的现在没找到工作

4. A 送礼
   B 喝酒
   C 帮忙
   D 道歉

5. A 那个学校不好
   B 那个学校不错
   C 会考虑那个学校
   D 不会去那个学校

6. A 男的晚上要加班
   B 女的还没有下班
   C 女的是旅馆老板
   D 男的经常很晚回家

7. A 女的今天生日
   B 男的今天生日
   C 男的现在很饿
   D 女的今天请客

8. A 男的想继续租房
   B 男的租了女的房子
   C 女的不想帮助男的
   D 女的不答应男的要求

9. A 夫妻
   B 恋人
   C 兄妹
   D 同事

10. A 手机漂亮
    B 手机不好
    C 同意换手机
    D 不同意换手机

11. A 文件丢失
    B 文件太多
    C 中了病毒
    D 质量不好

12. A 门锁坏了
    B 钥匙丢了
    C 钥匙忘在家里了
    D 女的不让男的进

13. A 他的记性很不好
    B 他忘记了一件事
    C 女朋友是个老太太
    D 女朋友说话太啰唆

14. A 不需要解释
    B 需要马上解释
    C 不知道怎么办
    D 同意男的的话

15. A 不要影响别人休息
    B 不要影响别人工作
    C 应该按时完成任务
    D 行动不能让别人知道

16. A 记不住这些事
    B 不想干别的事
    C 记得住这些事
    D 这些事都是小事

17. A 命令
    B 嘱咐
    C 称赞
    D 鼓励

18. A 教室
    B 家里
    C 学校
    D 办公室

19. A 还有可能来人
    B 不可能再来人
    C 还会来很多人
    D 不会来太多人

20. A 还是要做这件事
    B 不再负责这件事
    C 不知道公司规定
    D 不会违反公司规定

第二部分

第 21-45 题：请选出正确答案。

21. A 不要去欧洲旅游
    B 女的需要找工作
    C 现在旅游不合适
    D 天气不适合旅游

22. A 景点太少了
    B 旅费太高了
    C 意见不一致
    D 时间太长了

23. A 能否按时到达
    B 明天是否下雨
    C 能否买到车票
    D 能否订到宾馆

24. A 男的明天要开会
    B 报告书翻译好了
    C 资料还没有准备好
    D 报告书还没有翻译好

25. A 当老板了
    B 要跳槽了
    C 受批评了
    D 被解雇了

26. A 放假时间
    B 出发时间
    C 旅游时间
    D 旅游路线

27. A 迎接客人
    B 参加婚礼
    C 送生日礼物
    D 买生日礼物

28. A 女的没有车
    B 老刘的车坏了
    C 老刘把车借走了
    D 男的车被借走了

29. A 小店只卖食品
    B 小店在小区外面
    C 小店的服务态度不好
    D 小店给人们带来了方便

30. A 病好了
    B 已经上班了
    C 现在在医院
    D 和女的是亲戚

31. A 想请他帮忙
    B 想见老朋友
    C 想租他的房子
    D 想买他的家具

32. A 学校门口
    B 男的宿舍
    C 女的家里
    D 男的家里

33. A 今晚的
    B 明天的
    C 明晚的
    D 后天的

34. A 10 块
    B 14 块
    C 40 块
    D 44 块

35. A 钥匙上有病菌
    B 钥匙质量不合格
    C 钥匙应设计得更漂亮
    D 人们应多配几把钥匙

36. A 注意钥匙卫生
    B 尽量少用钥匙
    C 带好自己的钥匙
    D 不要随便配钥匙

37. A 吃饭时间晚
    B 外出时间减少
    C 缺少时间锻炼
    D 两人吃饭胃口好

38. A 消化时间短
    B 吃饭晚吃得多
    C 一起吃饭心情好
    D 一起吃饭胃口好

39. A 夸奖
    B 讽刺
    C 劝告
    D 责备

40. A 自己身体轻
    B 螃蟹爬得慢
    C 很了解螃蟹
    D 螃蟹的脚多

41. A 蜗牛
    B 青蛙
    C 蜻蜓
    D 螃蟹

42. A 裁判不公平
    B 对比赛不重视
    C 爬行的方向错了
    D 缺少朋友的支持

43. A 喝水的好处
    B 喝水的时间
    C 不喝水的后果
    D 多喝水的重要性

44. A 起床以后
    B 睡觉以前
    C 饭前 5 分钟
    D 工作的时候

45. A 消化食物
    B 吸收水分
    C 帮助睡眠
    D 平衡血压

— 86 —

听力专项训练（五）听力材料

（音乐，30秒，渐弱）

大家好！欢迎参加HSK（五级）考试。
大家好！欢迎参加HSK（五级）考试。
大家好！欢迎参加HSK（五级）考试。

HSK（五级）听力考试分两部分，共45题。
请大家注意，听力考试现在开始。

第一部分

第1到20题，请选出正确答案。现在开始第1题：

1. 女：我现在才知道当记者真够辛苦的，又要采访，又要挤时间写稿子。
   男：你们不就是找人聊聊天儿，坐在屋子里写写文章吗？
   问：男的觉得当记者怎么样？

2. 男：听说你这次考得不错，到时候可别忘了请客！
   女：哪儿的事！能有大学上我就谢天谢地了。
   问：女的是什么意思？

3. 女：昨天晚上我梦见自己找到了一份理想的工作。
   男：你要知道，那可仅仅是一个梦。
   问：男的是什么意思？

4. 男：你这是干什么？
   女：这是我的一点儿意思，不成敬意。
   问：女的在做什么？

5. 女：去北京语言大学学习吧，那儿设备齐全，师资力量雄厚，教学质量一流，真的不错。
   男：谢谢你的推荐，我会考虑的。
   问：男的是什么意思？

6. 男：我今天下班以后有点儿事，得晚点儿回去。
   女：你哪天晚上没有事啊？这个家都快成你的旅馆了。

问：根据对话，可以知道什么？

7. 女：生日快乐！
   男：谢谢大家，下了班我请大家吃饭。
   问：根据对话，可以知道什么？

8. 男：房东阿姨，我想求您点儿事。
   女：什么求不求的，有事你就说吧。
   问：根据对话，可以知道什么？

9. 女：当年谈恋爱的时候多浪漫啊，现在的生活太没意思了。
   男：过日子就是柴米油盐，哪能天天搞浪漫？
   问：他们可能是什么关系？

10. 男：你的手机真不错，我跟你换换怎么样？
    女：想得美！
    问：女的是什么意思？

11. 女：我的电脑突然死机了，是不是电脑里文件太多了？
    男：这跟文件的多少没关系，肯定是中毒了。
    问：女的的电脑怎么了？

12. 男：你在哪儿呢？我把钥匙锁在家里了，现在进不了门了。
    女：你等一会儿，我很快就到家了。
    问：男的为什么进不了家门了？

13. 女：你女朋友做事真够认真的。
    男：有时候也有点儿婆婆妈妈的。一件事说了好几遍了，还怕我记不住。
    问：男的是什么意思？

14. 男：他误会了，再去解释解释吧。
    女：解释什么呀？再解释他反而会多心。
    问：女的是什么意思？

15. 女：你悄悄地去，悄悄地回来，别让别人看见。
    男：知道。你放心好了，绝对不会让任何人知道的。
    问：女的是什么意思？

16. 男：你把我要的东西记在纸上，别到时忘了买。

女：这么点儿事我能记不住吗？
问：女的是什么意思？

17. 女：不用着急，开车要小心，安全第一！
    男：知道了，你就放心吧。
    问：女的是什么语气？

18. 男：帮我到办公室把你们班的作业本拿到教室去吧，我跟这个家长说几句话。
    女：好的，我这就去。
    问：他们最可能在哪儿？

19. 女：这么晚了，不会有人来了，该收摊就收摊吧。
    男：可是万一呢？
    问：男的是什么意思？

20. 男：这件事要是不符合公司规定的话，我看就算了吧。
    女：我是不会轻易放弃的。
    问：女的是什么意思？

第二部分

第21到45题，请选出正确答案。现在开始第21题：

21. 女：我真想现在到欧洲旅行，去巴黎、伦敦、维也纳……那该多好啊！
    男：你刚工作就想出去旅游，不太合适吧！
    女：有什么不合适的？按照公司的规定我是可以休五天年假的。
    男：可是你刚上班没几个月就请假，这样不好吧？
    问：男的是什么意思？

22. 男：你们的旅游计划还没有定下来吗？
    女：还没有呢。我们开会讨论时，有人说地点不理想，有人说时间不合适，大家很难形成一致的意见。
    男：组织旅游这事，人多了，就是不好统一意见。
    女：所以我们决定按大多数人的意见办。
    问：旅游计划为什么定不下来？

23. 女：不知道明天还下不下雨？
    男：怎么，你明天就去杭州旅行？

女：是啊。雨要是不停的话就麻烦了。
男：听听下午6点的天气预报吧。
问：女的在担心什么？

24. 男：资料都准备好了没有？
女：准备好了，都在这个文件袋里。李经理，请您过目。
男：好。那份报告书翻译完了吗？后天的会议要用。
女：我加快一点儿速度，明天就差不多了。
问：根据对话，可以知道什么？

25. 女：你今天怎么了？脸色怎么这么难看？
男：别提了，我被老板炒鱿鱼了。
女：你做错了什么事吗？
男：不知道啊，我也没想到会这样！
问：关于男的，可以知道什么？

26. 男：快放寒假了，你打算去哪儿玩儿？
女：你有什么好的建议吗？
男：东北你已经去过了，今年可以去桂林看看。
女：我考虑一下，我还想去苏州和杭州。
问：他们在谈论什么？

27. 女：今天是你的生日，这点儿礼物真拿不出手，不过是我的一点儿心意。
男：你太客气了，这件礼物我很喜欢。
女：只要你喜欢我就高兴了。
男：谢谢！
问：女的最可能在做什么？

28. 男：你怎么走回来了？
女：我的车被老刘借走了。
男：难道他不知道你也要用车吗？
女：老刘有急事。他不轻易向别人借东西，我怎么能不借给他呢？
问：根据对话，可以知道什么？

29. 女：这家小店的商品还挺全的。
男：可不，服务态度也没的挑！

女：小区里有这么个小店还真解决大问题了。
男：谁说不是呢？老年人腿脚不方便，想买什么出门就有。
问：根据对话，可以知道什么？

30. 男：这些天多亏你照顾我，我的病才好得这么快，明天就能去上班了。
女：你父母不在家，我怎么能看着你病了不管呢？
男：以后你有了什么难事，我也一定会帮你的。
女：真是有个好亲戚不如有个好邻居啊！
问：关于男的，可以知道什么？

第31到32题是根据下面一段对话：

女：喂，你好。请找一下张先生。
男：我就是。
女：您是要出租房子吗？
男：对，我想租给学生。
女：我是留学生，我想问问房子的基本情况。
男：房子在三层，比较安静，有床、桌子、椅子这些简单的家具。
女：我能不能看一下房子？
男：可以，你下午来吧。不过我们没见过面，我不认识你呀。
女：您要看见一个戴眼镜、长头发、穿黑毛衣的年轻人，就是我了！

31. 女的为什么要给男的打电话？
32. 他们要在哪儿见面？

第33到34题是根据下面一段对话：

男：请问，有去昆明的卧铺票吗？
女：要哪天的？
男：明天晚上或者后天的。
女：明天的没有了，后天的还剩最后一张卧铺票。
男：太好了！多少钱？
女：四百八十六。
男：这是五百。
女：找您十四块钱。这是火车票，请收好。

33. 男的买了什么时候的车票？
34. 女的找给男的多少钱？

第 35 到 36 题是根据下面一段话：

　　钥匙和人们日常生活关系非常密切。人人都有钥匙，每天都得摸很多次，可大多数人从没有想过要洗一洗钥匙。专家检验表明，60%以上的钥匙都带有多种病菌。人们倒完垃圾、上完厕所、拿过脏东西，开门时都少不了要用钥匙；如果拿完钥匙，不洗手就吃东西，很容易得病。因此，最好经常洗一洗或者晒一晒钥匙，保持钥匙卫生。

35. 专家检验钥匙发现了什么？
36. 这段话提醒人们要注意什么？

第 37 到 38 题是根据下面一段话：

　　研究发现，婚姻状况会影响人的体重，人们很可能在结婚后变胖。首先，结婚后，人们将一部分精力放到了家庭中，减少了外出时间；其次，单身时随随便便一碗方便面就当做一餐，而结婚后两人一起做饭一起吃饭，心情好，胃口也就好；另外，为了增进感情，不少夫妇选择共进晚餐，有时要相互等待到晚上九点才吃饭，没有足够的时间消化食物，也会令体重增加。

37. 根据这段话，下列哪项不是人们婚后变胖的原因？
38. 根据这段话，为什么"共进晚餐"会令体重增加？

第 39 到 42 题是根据下面一段话：

　　一天，一只螃蟹看见一只蜗牛在地上慢慢地爬着，不禁暗自好笑，说："呵，爬得真快呀！我爬一分钟，足够你爬一天了。"

　　蜗牛说："你别自夸了，如果咱俩比赛，你不见得能赢！"

　　螃蟹当然不服，就请青蛙当裁判。前面竖一个标尺当做终点，谁先到终点，就算谁赢。青蛙一吹号子，比赛开始了。蜗牛用力向前爬着，螃蟹也飞快地爬了起来。蜗牛越爬离终点越近，而螃蟹越爬离终点越远。比赛结果，蜗牛获胜。蜗牛说："螃蟹先生，怎么样？我虽然爬得慢，可我一直是向前爬的；你爬的速度虽然很快，却是向侧面横行，横行者怎么能前进呢？"螃蟹低着头，说不出话来。

39. "呵，爬得真快呀！"螃蟹对蜗牛说这句话时，是什么语气？

40. 蜗牛为什么敢和螃蟹比赛？

41. 是谁请来的裁判？

42. 螃蟹为什么会输掉比赛？

第 43 到 45 题是根据下面一段话：

大家都知道喝水对人的身体很重要，但什么时候喝水呢？最重要的一点是要主动喝水，千万不要等到渴了以后才喝水，因为那时喝水已经晚了，好像花儿已经快死了才浇水一样。

早晨起床以后，要尽快补充足够的水，最好是凉开水。因为经过一夜的睡眠，身体排出了大量的水分，血液变得比较浓，流动也不顺畅，血压容易升高。这时喝水，就能马上补充身体里缺少的水分，吸收起来也快。到了晚上，睡觉前喝点儿水也是很有好处的，可以帮助第二天排便。

当然，也有不该喝水的时候。比如边吃饭边喝水就不好，因为吃饭时，胃里的液体大量产生，要去消化食物，这时喝水，会把胃液冲淡了，影响食物的消化。所以紧靠饭前、饭后的那段时间和吃饭时都不要大量喝水。

43. 这段话主要说的是什么？

44. 根据这段话，下列哪段时间最好不要喝水？

45. 根据这段话，胃液有什么作用？

听力考试现在结束。

听力专项训练(五)参考答案

听 力

第一部分

1. B	2. D	3. D	4. A	5. C
6. D	7. B	8. B	9. A	10. D
11. C	12. C	13. D	14. A	15. D
16. C	17. B	18. C	19. A	20. A

第二部分

21. C	22. C	23. B	24. D	25. D
26. D	27. C	28. C	29. D	30. A
31. C	32. D	33. D	34. B	35. A
36. A	37. C	38. A	39. B	40. C
41. D	42. C	43. B	44. C	45. A

听力专项训练(五)答案详解

第一部分

1. 男的说:"你们不就是找人聊聊天儿,坐在屋子里写写文章吗?"这是一个反问句,说明男的认为当记者就是找人聊聊天儿,坐在屋子里写文章,由"聊聊天儿"、"坐在屋子里"、"写写文章"等词语可知,男的觉得当记者很轻松。所以 B 项是正确答案。

2. 男的说:"听说你这次考得不错……"女的说:"哪儿的事!"可知女的否定了男的的说法。又说:"能有大学上我就谢天谢地了。""谢天谢地"表示目的达到或困难解除后满意轻松的心情,可知女的认为自己考得不好,没把握考上大学,如果能上大学就算是达到目的了。所以 D 项是正确答案。

3. 男的说:"那可仅仅是一个梦。"可知男的是在提醒女的还没有找到的工作,还需要努力。所以 D 项是正确答案。

4. 女的说:"这是我的一点儿意思,不成敬意。""意思"在这里是指代表心意的礼品,"不成敬意"是送礼时的惯用语,可知女的是在送礼。所以A项是正确答案。

5. 男的说:"谢谢你的推荐,我会考虑的。"可知男的会考虑那个学校。所以 C 项是正确答案。

6. 男的说:"我今天下班以后有点儿事,得晚点儿回去。"可知男的今天晚上有事,但不一定是要加班,所以 A 项不正确。女的说:"你哪天晚上没有事啊?"这是一个反问句,说明男的晚上总有事,经常很晚回家,所以 D 项是正确答案。女的又说:"这个家都快成你的旅馆了。"这是一个比喻句,意思是男的经常回家很晚,回家以后就睡觉,早上就走,就像住在宾馆一样,并不是说女的是旅馆老板,所以 C 项不正确。

7. 女的说:"生日快乐!"可知是男的今天过生日,所以 A 项不正确,而 B 项是正确答案。男的说:"下了班我请大家吃饭。"可知是男的要请客而不是女的,所以 D 项不正确。

8. 男的说:"房东阿姨,我想求您点儿事。"可知女的是男的的房东,也就是男的租了女的的房子,所以 B 项是正确答案;男的要求女的点儿事,但没说是不是要继续租房,所以 A 项不正确。女的说:"什么求不求的,有事你就说吧。""什么 A 不 A 的"这个结构表示 A 这件事情在说话人看来无关紧要,意思是两人关系好或者事情很小,谈不上"请求",可知女的愿意帮忙,所以 C、D 两项都不正确。

9. 女的说:"当年谈恋爱的时候……现在的生活太没意思了。"男的说:"过日子就是柴米油盐……"可知男的和女的谈过恋爱,现在是一起过日子的夫妻。所以 A 项是正确答案。

10. 女的说:"想得美!"意思是男的想得太好了,但却是不可能实现的,也就是不同意和男的换手机。所以 D 项是正确答案。

11. 男的说:"这跟文件的多少没关系,肯定是中毒了。"所以 B 项不正确,而 C 项是正确答案。

12. 男的说:"我把钥匙锁在家里了,现在进不了门了。"可知男的进不了家门,是因为把钥匙忘在家里了。所以 C 项是正确答案。

13. 男的说:"有时候也有点儿婆婆妈妈的。""婆婆妈妈"形容人动作琐细或言语啰唆。男的又说:"一件事说了好几遍了,还怕我记不住。"可知男的认为他的女朋友说话啰唆。所以 D 项是正确答案。

14. 女的说:"解释什么呀?"这是一个反问句,意思是不需要再解释了。又说:"再解释他反而会多心。"可知女的认为不需要解释,解释也没有好效果。所以 A 项是正确答案。

15. 女的说:"你悄悄地去,悄悄地回来,别让别人看见。"可知女的想让男的悄悄地去做这件事情。男的说:"绝对不会让任何人知道的。"可知行动不能让别人知道。所以 D 项是正确答案。

16. 女的说:"这么点儿事我能记不住吗?"这是一个反问句,意思是这么点儿事能够记得住。所以 C 项是正确答案。

17. 女的说:"不用着急,开车要小心,安全第一!"可知女的在嘱咐男的开车小心。所以 B 项是正确答案。

18. 男的说:"帮我到办公室把你们班的作业本拿到教室去吧,我跟这个家长说几句话。"由"班"、"作业本"、"教室"、"家长"等词语可知,他们可能在学校里,而不是在家里。又由"到办公室"、"拿到教室去吧"这些短语可知,他们现在不在办公室和教室。所以A、B、D三项都不正确，而C项是正确答案。

19. 女的说："不会有人来了，该收摊就收摊吧。"男的说："可是万一呢？""万一"表示假设，指存在一种可能性，可知男的的意思是可能还有人来。所以A项是正确答案。

20. 女的说："我是不会轻易放弃的。"可知女的还要坚持做这件事。所以A项是正确答案。

第二部分

21. 男的说："你刚工作就想出去旅游，不太合适吧！"又说："可是你刚上班没几个月就请假，这样不好吧？"可知男的认为女的现在才刚上班，请假旅游不合适。所以C项是正确答案。

22. 女的说："我们开会讨论时……大家很难形成一致的意见。"男的说："人多了，就是不好统一意见。"可知旅游计划定不下来，是因为人太多，意见不一致。所以C项是正确答案。

23. 女的说："不知道明天还下不下雨？"又说："雨要是不停的话就麻烦了。"可知女的在担心明天是否下雨。所以B项是正确答案。

24. 男的问："资料都准备好了没有？"女的说："准备好了，都在这个文件袋里。"可知资料准备好了，所以C项不正确。男的又问："那份报告书翻译完了吗？后天的会议要用。"女的说："明天就差不多了。"可知报告书还没有翻译好，会议是在后天进行，所以A、B两项都不正确，而D项是正确答案。

25. 男的说："我被老板炒鱿鱼了。""炒鱿鱼"的意思是被开除、被解雇，所以D项是正确答案。

26. 男的问："快放寒假了，你打算去哪儿玩儿？"又说："今年可以去桂林看看。"女的说："我还想去苏州和杭州。"可知他们在谈论寒假去什么地方玩儿。所以D项是正确答案。

27. 女的说："今天是你的生日，这点儿礼物真拿不出手，不过是我的一点儿心意。"可知男的过生日，女的在给男的送礼物。"拿不出手"、"一点儿心意"都是送礼时表示谦虚的说法。所以C项是正确答案。

— 97 —

28. 女的说："我的车被老刘借走了。"可知女的有车，而且车被老刘借走了。所以A、D两项都不正确，而C项是正确答案。

29. 女的说："这家小店的商品还挺全的。"可知小店的商品很全，而不是只卖食品，所以A项不正确。男的说："服务态度也没的挑！""没的挑"的意思是"没有可以挑剔的地方"，可知小店的服务态度很好，所以C项不正确。女的又说："小区里有这么个小店还真解决大问题了。"男的说："老年人腿脚不方便，想买什么出门就有。"可知小店在小区里，而且给人们带来了方便。所以B项不正确，而D项是正确答案。

30. 男的说："这些天多亏你照顾我，我的病才好得这么快，明天就能去上班了。"可知男的现在病好了，明天要去上班了，所以B项不正确，而A项是正确答案。女的说："真是有个好亲戚不如有个好邻居啊！"可知男的和女的不是亲戚是邻居，所以D项也不正确。

31. 女的问："您是要出租房子吗？"又说："我是留学生，我想问问房子的基本情况。"可知女的想租男的的房子。所以C项是正确答案。

32. 女的说："我能不能看一下房子？"男的说："可以，你下午来吧。"可知女的要去男的家里看房子，他们会在男的家里见面。所以D项是正确答案。

33. 女的问："要哪天的？"男的说："明天晚上或者后天的。"女的说："明天的没有了，后天的还剩最后一张卧铺票。"男的说："太好了！"可知男的买了后天的票。所以D项是正确答案。

34. 女的说："找您的十四块钱。"所以B项是正确答案。

35. 从录音中听到："专家检验表明，60%以上的钥匙都带有多种病菌。"可知专家检验发现钥匙上有多种病菌。所以A项是正确答案。

36. 从录音最后听到："最好经常洗一洗或者晒一晒钥匙，保持钥匙卫生。"可知这段话在提醒人们要注意钥匙卫生。所以A项是正确答案。

37. 从录音中听到："减少了外出时间"、"心情好，胃口也就好"、"没有足够的时间消化食物"是人们婚后变胖的三个原因，而没有提到C项内容。所以C项是正确答案。

38. 从录音中听到："不少夫妇选择共进晚餐，有时要相互等待到晚上九点才吃饭，没有足够的时间消化食物，也会令体重增加。"可知共进晚餐会导致消化时间短，使得体重增加。所以 A 项是正确答案。

39. 从录音中听到："一只螃蟹看见一只蜗牛在地上慢慢地爬着，不禁暗自好笑……"可知螃蟹看到蜗牛爬得很慢，觉得很好笑。但它却说："呵，爬得真快呀！"螃蟹的话与实际情况不同，可知螃蟹是在嘲笑并讽刺蜗牛。所以 B 项是正确答案。

40. 从录音中听到，蜗牛说："你别自夸了，如果咱俩比赛，你不见得能赢！"可知蜗牛很自信，它最终也赢了比赛，因而蜗牛应该了解螃蟹的行走习惯。所以 C 项是正确答案。

41. 从录音中听到："螃蟹当然不服，就请青蛙当裁判。"可知是螃蟹请来的裁判。所以 D 项是正确答案。

42. 从录音中听到，蜗牛说："我虽然爬得慢，可我一直是向前爬的；你爬的速度虽然很快，却是向侧面横行，横行者怎么能前进呢？"可知螃蟹输了比赛是因为它爬行的方向错了。所以 C 项是正确答案。

43. 从录音开头听到："大家都知道喝水对人的身体很重要，但什么时候喝水呢？"可知这段话主要说的是喝水的时间。所以 B 项是正确答案。

44. 从录音中听到："也有不该喝水的时候。比如边吃饭边喝水就不好……紧靠饭前、饭后的那段时间和吃饭时都不要大量喝水。"所以 C 项是正确答案。

45. 从录音中听到："因为吃饭时，胃里的液体大量产生，要去消化食物，这时喝水，会把胃液冲淡了，影响食物的消化。"可知"胃里的液体"即胃液，胃液的作用是消化食物。所以 A 项是正确答案。

新汉语水平考试
HSK（五级）
听力专项训练
（六）

听 力

第一部分

第 1-20 题：请选出正确答案。

1. A 老李人很好
   B 不了解老李
   C 老李没说真话
   D 老李不知道这件事

2. A 男的刚认识小陈
   B 男的很了解小陈
   C 小陈不是女的的朋友
   D 女的想再见一次小陈

3. A 女的穿得很漂亮
   B 他们要去参加晚会
   C 女的不打算换衣服
   D 男的觉得女的很漂亮

4. A 看法常不一样
   B 看法总是一样
   C 总是说一样的话
   D 有时一起去学习

5. A 小李为什么生气
   B 小李辞职的原因
   C 小李找没找到工作
   D 小李去什么地方工作

6. A 钱多
   B 办法多
   C 东西多
   D 带的货多

7. A 今天很闷热
   B 天气还可以
   C 今天不太热
   D 不应该坐着

8. A 一定不去
   B 不下雨就不去
   C 下雨就不去了
   D 即使下雨也要去

9. A 自己明天不上班
   B 男的必须去幼儿园
   C 男的不用去幼儿园
   D 男的哪儿都不用去

10. A 课堂提问
    B 课后练习
    C 课堂作业
    D 准备考试

11. A 喜欢花钱
    B 不懂收藏
    C 收藏旧家具
    D 经常更换家具

12. A 飞机经常晚点
    B 飞机从不晚点
    C 飞机有时晚点
    D 飞机不该晚点

13. A 实习
    B 见客户
    C 参观旅游
    D 业务培训

14. A 红色的好看
    B 蓝色的好看
    C 两件衣服都好看
    D 两件衣服都不好看

15. A 跑步
    B 上飞机
    C 催促女的
    D 收拾东西

16. A 乌云散了
    B 快下雨了
    C 开始下雨了
    D 他们不走了

17. A 五六家公司录用她
    B 公司要求她去面试
    C 还没有公司答复她
    D 有家公司给她回了话

18. A 看望病人
    B 找老师补课
    C 找大夫看病
    D 搞生日聚会

19. A 喜欢运动
    B 比较懒惰
    C 爱做家务
    D 爱看电视

20. A 很顺从
    B 很客气
    C 很谦虚
    D 不认错

第二部分

第 21-45 题：请选出正确答案。

21. A 赞同
    B 责备
    C 同情
    D 不耐烦

22. A 男的想打球
    B 男的要加班
    C 男的的妻子陪儿子
    D 儿子没去过动物园

23. A 银行
    B 饭店
    C 邮局
    D 书店

24. A 学习
    B 爱情
    C 上网
    D 旅游

25. A 嘲笑
    B 批评
    C 讽刺
    D 赞美

26. A 女的不认字
    B 女的要退货
    C 男的要帮助女的
    D 女的在批评男的

27. A 买菜
    B 搬运
    C 算账
    D 做菜

28. A 女的眼睛治好了
    B 男的让女的学会计
    C 男的让女的趁热吃
    D 女的参观后收获很大

29. A 获大奖
    B 进省队
    C 进校队
    D 少练球

30. A 是对他们的锻炼
    B 会影响他们的健康
    C 能够打好人生基础
    D 会让孩子输在起跑线上

31. A 她喜欢旅游
    B 她学习努力
    C 她成绩不好
    D 她英语很好

32. A 亲戚
    B 邻居
    C 校友
    D 恋人

33. A 是医生
    B 生病了
    C 在推销礼品
    D 很感谢男的

34. A 收回礼物
    B 赶快回家
    C 治病救人
    D 多做好事

35. A 亲戚
    B 儿子
    C 邻居
    D 父亲

36. A 不知干什么
    B 为锻炼身体
    C 找不到绿豆
    D 心里很激动

37. A 写毕业论文
    B 多读一些书
    C 去了解社会
    D 考会计证书

38. A 考研
    B 打工
    C 旅游
    D 读书

39. A 叫醒了那位老爷爷
    B 偷拿了别人的东西
    C 抓住了那条大红鱼
    D 闯进不能去的龙宫

40. A 怕少年学坏
    B 怕失主生气
    C 怕龙王找来
    D 怕失去大红鱼

41. A 要帮助别人
    B 要珍惜生命
    C 要爱护宝珠
    D 要诚实做人

42. A 洞里有大红鱼
    B 洞里有大宝珠
    C 赞扬少年的品质
    D 赞扬少年的父母

43. A 已婚女性
    B 中青年女性
    C 20岁以上的女性
    D 50岁以上的女性

44. A 喜欢分享商品
    B 承担母亲的角色
    C 有较广泛的交际圈
    D 喜欢分享使用商品的感受

45. A 女性的消费能力
    B 女性的感染能力
    C 女性在家庭中的作用
    D 女性对消费市场的影响

听力专项训练（六）听力材料

（音乐，30秒，渐弱）

大家好！欢迎参加 HSK（五级）考试。
大家好！欢迎参加 HSK（五级）考试。
大家好！欢迎参加 HSK（五级）考试。

HSK（五级）听力考试分两部分，共 45 题。
请大家注意，听力考试现在开始。

第一部分

第 1 到 20 题，请选出正确答案。现在开始第 1 题：

1. 男：老李说，这件事他不清楚。
   女：看不出来，他这个人还挺会装糊涂的。
   问：女的是什么意思？

2. 女：你认识小陈吗？
   男：我跟小陈共事多年，是熟得不能再熟的老朋友了。
   问：根据对话，下列哪项正确？

3. 男：你别穿这件衣服了，换那件漂亮点儿的吧。
   女：又不是去参加晚会，穿那么漂亮干什么？
   问：根据对话，下列哪项正确？

4. 女：你和你爱人都是搞艺术的，一定有很多共同语言吧？
   男：我们经常争论得很厉害。
   问：关于男的和他的爱人，下列哪项正确？

5. 男：小李昨天很生气，一狠心辞职了。
   女：你说说是怎么回事？他不是很喜欢那份工作吗？
   问：女的想知道什么？

6. 女：这次可多亏了小李，要不是他帮着拿主意，合同可就签不成了。
   男：是啊，别看他人小，点子可真不少。

问：关于小李，男的认为怎么样？

7. 男：今天真够闷的，坐着不动都出汗。
   女：可不是吗？
   问：女的是什么意思？

8. 女：明天下雨，我们还去游泳吗？
   男：即使下雨我也不会不去的，下雨游泳可有趣了。
   问：男的明天去游泳吗？

9. 男：妈妈，我明天不想上幼儿园了。
   女：爸爸妈妈都上班，你不上幼儿园上哪儿去呀？
   问：女的是什么意思？

10. 女：张老师，您怎么老不提问我呀？
    男：好啊，你要有这个积极性，下次上课我一定提问你。
    问：他们在谈论什么？

11. 男：这种破椅子早该扔了，你怎么还花钱买它呀？
    女：这你就不懂了，这叫收藏。有些东西越老越值钱。
    问：关于女的，可以知道什么？

12. 女：飞机怎么又晚点了？
    男：不晚点才不正常呢。
    问：男的是什么意思？

13. 男：下个月你去深圳做什么？
    女：公司来了一批新职工，我带他们去参加业务培训。
    问：女的带新职工去做什么？

14. 女：我穿这件红色的衣服好看，还是穿那件蓝色的好看？
    男：你穿什么都好看。
    问：男的是什么意思？

15. 男：你还在干什么呢？再不快点儿，就赶不上飞机了。
    女：马上就好！
    问：男的在做什么？

16. 女：快走吧，不然一下雨就走不成了！
    男：看，那边乌云已经上来了。
    问：根据对话，可以知道什么？

17. 男：工作找得怎么样了？
    女：简历送出去五六份了，但是还没有一家给我回话。
    问：女的找工作的事怎么样了？

18. 女：咱们走吧，让张老师好好休息休息。
    男：好吧。张老师，祝您早日康复！
    问：他们在做什么？

19. 男：这部电视剧可吸引人了，我坐在那儿就不想动了。
    女：不看电视剧你也不想动啊！
    问：女的认为男的怎么样？

20. 女：你这孩子怎么这么不听话呢！
    男：为什么批评我？我又没犯什么错误！
    问：男的是什么态度？

第二部分

第21到45题，请选出正确答案。现在开始第21题：

21. 男：你说小刘都快三十了，怎么还不找男朋友呢？
    女：我也很奇怪，她的条件不错。
    男：我觉得她这个人很好，希望她能找个好丈夫。
    女：是啊。
    问：女的是什么语气？

22. 女：双休日你有什么打算？
    男：我很想去打球，可我答应过儿子这周陪他去动物园。
    女：他妈妈陪他去动物园，你去打球，这不就解决了？
    男：他妈妈要在单位加班。
    问：根据对话，可以知道什么？

23. 男：我要把这个箱子寄到北京，你看这样装没问题吧？
    女：可以。你先填一个包裹单吧。

男：你看这样写行吗？
女：在这儿写上自己的名字。
问：他们最可能在哪儿？

24. 女：暑假咱们到桂林旅游吧。
    男："桂林山水甲天下"，那个地方肯定错不了。
    女：我为此还做了不少功课呢，我在网上搜集了大量关于那儿的资料。
    男：我要说不去那儿就太对不起你这番苦心了。
    问：他们在谈论什么？

25. 男：你看几点了？怎么到现在才来？
    女：家里临时有点儿事。
    男：那也应该打个电话说一声啊，让这么多人等你一个人！
    女：实在对不起！
    问：男的是什么语气？

26. 女：这说明书上的字太小了，我都看不清楚。有些厂家只管卖东西，根本不为消费者着想。
    男：我来看看吧。
    女：你能看清楚吗？
    男：能，我看明白了，再告诉你怎么用。
    问：根据对话，可以知道什么？

27. 男：你在做什么呢？这么香？
    女：你来得正好，我这儿占着手呢，快帮我剥两瓣蒜。
    男：好的。啊，烧茄子呀，我爱吃！
    女：你什么不爱吃呀？
    问：女的正在做什么？

28. 女：今天学校组织我们到科技馆参观去了。
    男：感觉怎么样？
    女：真是让我大开眼界！很多书本上的东西在那里看到了实物演示。
    男：趁着热乎劲儿，快把今天的收获记下来吧。
    问：根据对话，下列哪项正确？

29. 男：真没看出来，你这么一个文弱的小姑娘，篮球打得这么好！
    女：你过奖了。这次省队选队员，我如果能被选上，那就太好了。
    男：省队那么高强度的训练，你吃得消吗？
    女：没问题。我在校队已经打了四年球了，每天早上训练都挺苦的。
    问：女的的愿望是什么？

30. 女：现在的孩子从幼儿园开始，就要学钢琴、画画儿、书法、外语什么的。
    男：是啊，家长们望子成龙，都不希望自己的孩子输在起跑线上。
    女：那么小就东奔西跑地去上各种课外班，身体怎么吃得消呢？
    男：可不是嘛！
    问：对于孩子上各种课外班，女的是什么态度？

第 31 到 32 题是根据下面一段对话：

男：你是不是南开中学毕业的？
女：是啊。我是 2010 年毕业的，你呢？
男：我比你高一届。记得你们那一届有个女生英语特别好，你认识她吗？
女：你说的是孙月吧？她是我的同班同学。
男：是吗？她后来考上哪所大学了？
女：她高中毕业后就去了美国。
男：那她真是去对地方了。

31. 男的为什么说孙月去对地方了？
32. 男的和女的是什么关系？

第 33 到 34 题是根据下面一段对话：

女：大夫，真不知道怎么感谢您才好，您救了我妈的命。
男：这是应该的。
女：这是我的一点儿心意，请您收下。
男：这可不行。你的心意我领了，这些礼物你得拿回去。
女：大夫，您就收下吧。
男：不行。我是大夫，治病救人是我的职责，怎么能收病人的礼物呢？
女：大夫，让我怎么感谢您才好呢？
男：不用客气了，快去看看你妈妈吧。

33. 关于女的，可以知道什么？
34. 男的要求女的做什么？

第35到36题是根据下面一段话：

亲戚家里办喜事，要父亲在他家住个三五天。我回家陪伴母亲，以为这次母亲可以过几天安静的日子，没人整天让母亲做这做那了。谁知母亲在屋子里转来转去，买菜时不知买什么菜；做饭时，问我要不要加绿豆……父亲不在家，母亲显得六神无主。我这才明白，原来父亲一直是母亲的主心骨。

35. 谁总让母亲做这做那？
36. 母亲为什么在屋子里转来转去？

第37到38题是根据下面一段话：

今年寒假，很多大学生不回家，他们留在学校过春节。在图书馆，记者看到很多学生在为考硕士、考博士作准备，有的在为写毕业论文而查阅资料。一位姓张的同学告诉记者，他的家在内蒙古的一个小城，寒假留在学校，可以静下心来多读一些书。还有不少大学生利用假期打工，他们认为打工可以锻炼自己生活的能力。也有一些大学生利用假期学开车，或者考各种证书，比如会计证、律师证等。

37. 那个家在内蒙古的大学生寒假要做什么？
38. 下列哪项不是留校大学生的活动安排？

第39到42题是根据下面一段话：

古时候，有位少年去潭里摸鱼，为了追一条大红鱼，无意中游进了一个洞里。少年顺着这个洞一直游进了龙宫，在那儿看见一位白胡子老爷爷正趴在桌上睡觉，旁边有一颗闪闪发光的宝珠。少年见了非常喜欢，连忙拿了宝珠游上岸来，蹦蹦跳跳地跑回了家。到家后，他高兴地对爸爸妈妈说："我在潭里摸鱼时，捡到一颗大宝珠。"谁知爸爸妈妈听了很不高兴，说："谁丢了这么珍贵的东西一定很着急，应当想办法把它送还失主。再说，不是自己的东西一定不能拿，要做一个诚实的孩子。"少年听了爸爸妈妈的话，惭愧地低下了头。当天夜里，他就把宝珠送回了龙宫，并向白胡子老爷爷诚恳地道了歉，保证以后不再随便拿别人的东西。

后来，人们为了赞扬这个少年知错就改的品质，就把这个洞叫做"还珠洞"。

39. 那位少年犯了什么错误？
40. 少年拿回来大宝珠，爸爸妈妈为什么不高兴？
41. 爸爸妈妈是怎样教育少年的？
42. 人们为什么把那个洞叫做"还珠洞"？

第43到45题是根据下面一段话：

目前很多商家都很重视女性对消费市场的影响。首先，女性大多喜欢购物，本身就有很大的消费需求。其次，中青年女性，也就是20岁到50岁这一年龄段的女性，对家庭消费的影响非常大。她们作为家庭中的女儿、妻子、母亲、主妇，决定了家庭要购买的东西。另外，女性有较强的表达能力和感染力，她们喜欢和别人分享自己使用商品的感受，从而影响其他消费者。一项调查表明，大多数的女性消费者喜欢将自己对商品的不满告诉身边的人。

因此女性顾客对商品的评价对商家非常重要，一定要讨得女士的欢心才能赢得市场的青睐。

43. 哪些女性对家庭消费的影响最大？
44. 为什么女性会对其他消费者产生影响？
45. 这段话主要在讲什么？

听力考试现在结束。

听力专项训练(六)参考答案

听 力

第一部分

1. C	2. B	3. C	4. A	5. B
6. B	7. A	8. D	9. B	10. A
11. C	12. A	13. D	14. C	15. C
16. B	17. C	18. A	19. B	20. D

第二部分

21. A	22. A	23. C	24. D	25. B
26. C	27. D	28. D	29. B	30. B
31. D	32. C	33. D	34. A	35. D
36. A	37. B	38. C	39. B	40. A
41. D	42. C	43. B	44. D	45. D

听力专项训练(六)答案详解

第一部分

1. 女的说:"他这个人还挺会装糊涂的。""装糊涂"的意思是心里明白,表面上假装不知道。可知女的认为老李应该知道这件事,他没说真话。所以 C 项是正确答案。

2. 男的说:"我跟小陈共事多年,是熟得不能再熟的老朋友了。"可知男的和小陈认识很多年了,非常熟悉。所以 B 项是正确答案。

3. 男的说:"你别穿这件衣服了,换那件漂亮点儿的吧。"可知男的觉得女的现在穿的这件衣服不漂亮,所以 A、D 两项不正确。女的说:"又不是去参加晚会,穿那么漂亮干什么?"可知他们不是去参加晚会,而且女的认为不需要穿得很漂亮,不打算换衣服。所以 B 项不正确,而 C 项是正确答案。

4. 男的说:"我们经常争论得很厉害。"可知男的和他的爱人经常争论,说明他们的看法常不一样。所以 A 项是正确答案。

5. 男的说:"小李……一狠心辞职了。"女的问:"你说说是怎么回事?"可知女的想知道小李辞职的原因。所以 B 项是正确答案。

6. 男的说:"别看他人小,点子可真不少。""点子"的意思是办法、主意、想法。可知男的觉得小李办法很多。所以 B 项是正确答案。

7. 男的说:"今天真够闷的,坐着不动都出汗。"可知男的觉得今天天气闷热。女的说:"可不是吗?"这是一个反问句,表示肯定,可知女的同意男的的说法,也觉得今天很闷热。所以 A 项是正确答案。

8. 男的说:"即使下雨我也不会不去的……"这是一个双重否定句,表示肯定,意思是"即使下雨也会去游泳"。所以 D 项是正确答案。

9. 女的说:"你不上幼儿园上哪儿去呀?"这是一个反问句,意思是"不去幼儿园就没有别的地方去了",可知女的的意思是男的必须去幼儿园。所以 B 项是正确答案。

10. 女的问:"您怎么老不提问我呀?"男的说:"下次上课我一定提问你。"由"提问"、"上课"等词语可知,他们在谈论课堂提问的事情。所以 A 项是正确答案。

11. 男的说:"这种破椅子早该扔了,你怎么还花钱买它呀?"可知女的买了旧椅子。女的说:"这叫收藏。有些东西越老越值钱。"可知女的喜欢收藏,并且喜欢收藏旧椅子类的旧家具。所以 C 项是正确答案。

12. 男的说:"不晚点才不正常呢。"这是一个双重否定的句子,表示肯定,意思是"飞机晚点是正常现象",可知飞机经常晚点。所以 A 项是正确答案。

13. 女的说:"我带他们去参加业务培训。"可知女的要带新职工去参加业务培训。所以 D 项是正确答案。

14. 男的说:"你穿什么都好看。"这里的"什么"表示泛指,意思是女的无论穿红色的衣服还是穿蓝色衣服,都好看。所以 C 项是正确答案。

15. 男的说:"你还在干什么呢?再不快点儿,就赶不上飞机了。"可知男的和女的正准备去赶飞机,他很着急,让女的快一点儿,因此是在催促女的。所以 C 项是正确答案。

16. 女的说:"快走吧,不然一下雨就走不成了!"可知现在还没有开始下雨,所以 C 项不正确。男的说:"看,那边乌云已经上来了。"可知现在天上有很多乌云,很快就要下雨了。所以 B 项是正确答案。

17. 女的说:"简历送出去五六份了,但是还没有一家给我回话。""没有一+量词"这个结构表示全面否定,"没有一家"的意思是"没有任何一家、一家也没有",可知目前女的还没有得到任何公司的答复。所以 C 项是正确答案。

18. 男的说:"张老师,祝您早日康复!"意思是"祝您早日恢复健康",可知张老师现在生病了,男的和女的正在看望病人。所以 A 项是正确答案。

19. 女的说:"不看电视剧你也不想动啊!"这是一个双重否定的句子,表示肯定,意思是男的无论是不是在看电视,都不喜欢动。可知女的认为男的比较懒惰。所以 B 项是正确答案。

20. 男的说:"为什么批评我?我又没犯什么错误!"可知男的认为自己没有错,对女的的批评不能接受。所以 D 项是正确答案。

第二部分

21. 男的说:"我觉得她这个人很好,希望她能找个好丈夫。"女的说:"是啊。"可知女的赞同男的的说法，也认为小刘人很好。所以 A 项是正确答案。

22. 男的说："我很想去打球……"所以 A 项是正确答案。男的又说："他妈妈要在单位加班。"可知是男的的妻子要加班，不能陪儿子，所以 B、C 两项都不正确。

23. 男的说："我要把这个箱子寄到北京……"女的说："你先填一个包裹单吧。"可知男的要寄包裹，他们应该在邮局。所以 C 项是正确答案。

24. 女的说："暑假咱们到桂林旅游吧。"又说："我在网上搜集了大量关于那儿的资料。"可知他们在谈论暑假的旅游计划。所以 D 项是正确答案。

25. 男的说："你看几点了？怎么到现在才来？"可知女的来晚了，男的对女的迟到有些不满意。又说："那也应该打个电话说一声啊，让这么多人等你一个人！"可知女的迟到没有通知男的，因而影响了大家，男的正在批评女的。所以 B 项是正确答案。

26. 女的说："这说明书上的字太小了，我都看不清楚。"可知说明书上的字小，因而女的看不清楚，并不是女的不认字，所以 A 项不正确。男的说："我看明白了，再告诉你怎么用。"可知男的要帮助女的，所以 C 项是正确答案。

27. 男的说："你在做什么呢？这么香？"女的说："快帮我剥两瓣蒜。"男的又说："烧茄子呀，我爱吃！"从"香"、"蒜"、"烧茄子"等词语可知女的正在做菜。所以 D 项是正确答案。

28. 女的说："真是让我大开眼界！""大开眼界"的意思是开阔视野，增长见识，可知女的通过参观学到了很多知识。男的说："趁着热乎劲儿，快把今天的收获记下来吧。""趁热"的意思是要抓紧有利、合适的时机和条件去做某一件事情，可知男的认为女的刚刚参观完，现在感受正深，应该把这些收获记下来。所以 D 项是正确答案。

29. 女的说："这次省队选队员，我如果能被选上，那就太好了。"可知女的的愿望是进入省队。所以 B 项是正确答案。

30. 女的说："那么小就东奔西跑地去上各种课外班……""东奔西跑"的意思是到处奔波，形容很辛苦。又说："身体怎么吃得消呢？"这是一个反问句，意思是"身体吃不消"，"吃不消"即支持不住、受不了。可知女的认为孩子上各种课外班身体受不了，影响健康。所以 B 项是正确答案。

31. 男的说："记得你们那一届有个女生英语特别好……"女的说："你说的是孙月吧？"可知孙月的英语特别好。女的又说："她高中毕业后就去了美国。"男的说："那她真是去对地方了。"可知男的认为孙月的英语特别好，因而不会有语言障碍，很适合去美国。所以 D 项是正确答案。

32. 男的问："你是不是南开中学毕业的？"女的说："是啊。"男的又说："我比你高一届。"可知他们是同一个学校的校友。所以 C 项是正确答案。

33. 女的说："大夫，真不知道怎么感谢您才好，您救了我妈的命。"又说："让我怎么感谢您才好呢？"可知女的很感谢男的。所以 D 项是正确答案。

34. 男的说："这些礼物你得拿回去。"又说："怎么能收病人的礼物呢？"可知男的想让女的收回礼物。所以 A 项是正确答案。

35. 从录音中听到："亲戚……要父亲在他家住个三五天。我……以为这次……没人整天让母亲做这做那了。"可知父亲不在家就没有人让母亲做这做那了，因而是父亲总让母亲做这做那。所以 D 项是正确答案。

36. 从录音中听到："……母亲在屋子里转来转去，买菜时不知买什么菜；做饭时，问我要不要加绿豆……父亲不在家，母亲显得六神无主。""六神无主"形容心慌意乱，拿不定主意。可知母亲转来转去是因为父亲不在家，母亲不知道应该做什么。所以 A 项是正确答案。

37. 从录音中听到："他的家在内蒙古的一个小城，寒假留在学校，可以静下心来多读一些书。"可知家在内蒙古的大学生寒假要在学校读书。所以 B 项是正确答案。

38. 从录音中听到："很多学生在为考硕士、考博士作准备，有的在为写毕业论文而查阅资料……寒假留在学校，可以静下心来多读一些书……还有不少大学生利用假期打工……也有一些大学生利用假期学开车，或者考各种证书……"可知 A、B、D 三项内容都是留校大学生的活动安排，而 C 项内容不是。所以 C 项是正确答案。

39. 从录音中听到，少年的爸爸妈妈批评他说："不是自己的东西一定不能拿，要做一个诚实的孩子。"可知少年偷拿了别人的东西。所以 B 项是正确答案。

40. 从录音中听到，少年的爸爸妈妈批评他说："不是自己的东西一定不能拿，要做一个诚实的孩子。"可知爸爸妈妈看到少年偷拿别人的东西，担心少年学坏。

所以 A 项是正确答案。

41. 从录音中听到，少年的爸爸妈妈批评他说："不是自己的东西一定不能拿，要做一个诚实的孩子。"可知爸爸妈妈教育少年要做一个诚实的人。所以 D 项是正确答案。

42. 从录音最后听到："人们为了赞扬这个少年知错就改的品质，就把这个洞叫做'还珠洞'。"可知人们把这个洞叫做"还珠洞"是为了赞扬少年的品质。所以 C 项是正确答案。

43. 从录音中听到："中青年女性，也就是20岁到50岁这一年龄段的女性，对家庭消费的影响非常大。"所以 B 项是正确答案。

44. 从录音中听到："女性有较强的表达能力和感染力，她们喜欢和别人分享自己使用商品的感受，从而影响其他消费者。"所以 D 项是正确答案。

45. 从录音开头听到："目前很多商家都很重视女性对消费市场的影响。"可知这段话主要在讲女性对消费市场的影响。所以 D 项是正确答案。

新汉语水平考试
HSK（五级）
听力专项训练
（七）

听 力

第一部分

第1-20题：请选出正确答案。

1. A 商店
   B 教室
   C 图书馆
   D 警察局

2. A 跑步还很快
   B 有了白头发
   C 一直没改变
   D 不能跑步了

3. A 去看京剧
   B 在家休息
   C 在家看孩子
   D 去公司加班

4. A 想住单人间
   B 想住宾馆顶楼
   C 想要朝北的房间
   D 喜欢安静的房间

5. A 很有趣
   B 没意思
   C 有问题
   D 有前途

6. A 学校东边
   B 超市后面
   C 学校对面
   D 电影院左边

7. A 遗憾
   B 吃惊
   C 责备
   D 难过

8. A 去打球
   B 写报告
   C 见经理
   D 去谈话

9. A 去吃饭
   B 不去吃饭
   C 要热情些
   D 要客气些

10. A 很肯定
    B 很自信
    C 不确定
    D 很高兴

11. A 吃饭
    B 睡觉
    C 在家待着
    D 玩儿电子游戏

12. A 男的是经理
    B 鞋的质量很好
    C 男的退货成功了
    D 男的把鞋弄坏了

13. A 学生
    B 老板
    C 律师
    D 导游

14. A 味道好
    B 口味多
    C 都很油腻
    D 有的名字很难记

15. A 焦急
    B 冷静
    C 生气
    D 感动

16. A 非常棒
    B 很糟糕
    C 很马虎
    D 很一般

17. A 同学
    B 师生
    C 姐弟
    D 同事

18. A 最近不忙
    B 下周有空儿
    C 下下周很忙
    D 下下周有空儿

19. A 男的
    B 女的
    C 女的的妈妈
    D 男的的姐姐

20. A 女的很着急
    B 女的 30 岁了
    C 女的没男朋友
    D 男的没女朋友

第二部分

第21-45题：请选出正确答案。

21. A 今天不上课
    B 学校八点半上课
    C 半小时能到学校
    D 男的不想吃早饭

22. A 心情
    B 计划
    C 疾病
    D 天气

23. A 取钱需要身份证
    B 男的在邮局工作
    C 女的身份证在公司
    D 女的想给朋友寄钱

24. A 这块表不值钱
    B 女的还没结婚
    C 女的的丈夫没有钱
    D 女的的丈夫对她很好

25. A 车站里
    B 火车上
    C 机场中
    D 汽车上

26. A 反对
    B 支持
    C 称赞
    D 不耐烦

27. A 药店
    B 商店
    C 公司
    D 回家

28. A 春天
    B 夏天
    C 秋天
    D 冬天

29. A 应该举办婚礼
    B 可以不办婚礼
    C 可以旅行结婚
    D 不应该太麻烦

30. A 红色的
    B 银色的
    C 白色的
    D 黑色的

31. A 请男的吃饭
    B 项目的价格
    C 请男的回电话
    D 对项目的态度

32. A 手机里有
    B 电脑里有
    C 女的告诉了他
    D 有张老板的名片

33. A 第 30 天
    B 第 50 天
    C 第 100 天
    D 一岁生日

34. A 孩子太小
    B 亲戚太多
    C 价格太贵
    D 不太方便

35. A 很生气
    B 很奇怪
    C 很高兴
    D 很惊讶

36. A 容易看清
    B 长得漂亮
    C 形状好看
    D 听觉灵敏

37. A 11 小时
    B 12 小时
    C 15 小时
    D 22 小时

38. A 列车前部
    B 列车中部
    C 硬座车厢后面
    D 软卧车厢后面

39. A 旅游业
    B 餐饮业
    C 教育业
    D 运输业

40. A 人多且集中
    B 假期时间短
    C 城市发展慢
    D 资源不平衡

41. A 长途旅游
    B 待在家里
    C 自己开车
    D 市内旅游

42. A 进行集中休假
    B 灵活安排休假
    C 限制人们旅游
    D 提高收费标准

43. A 100 米预赛
    B 100 米决赛
    C 1000 米预赛
    D 1000 米决赛

44. A 放弃了比赛
    B 伤得比较重
    C 在等救护车
    D 想休息一下

45. A 他们获奖了
    B 他们伤得很重
    C 被他们感动了
    D 大家只认识他们

听力专项训练（七）听力材料

（音乐，30秒，渐弱）

大家好！欢迎参加 HSK（五级）考试。
大家好！欢迎参加 HSK（五级）考试。
大家好！欢迎参加 HSK（五级）考试。

HSK（五级）听力考试分两部分，共45题。
请大家注意，听力考试现在开始。

第一部分

第1到20题，请选出正确答案。现在开始第1题：

1. 女：这本书12号到期，今天已经过期3天了，你需要交3元的罚款。
   男：好的。
   问：他们最可能在哪儿？

2. 男：这些年你一直没变。
   女：就是有了白头发，跑起来也没有当年那么快了。
   问：女的是什么意思？

3. 女：今晚你去看京剧吗？
   男：我很想去，可我妻子今晚要加班，孩子没人看。
   问：男的今晚做什么？

4. 男：您好，请问您想订什么样的房间？
   女：我想订一个普通双人间，楼层不要太高，最好是朝南的。另外，请给我挑一个比较安静的房间。
   问：女的是什么意思？

5. 女：你的工作很有意思吧？
   男：有意思？你在开玩笑吧。你来试试，保证三天以后你再也不会问这样的问题了。
   问：男的认为自己的工作怎么样？

6. 男：您好，请问去工人体育场怎么走？
   女：沿着这条街往前走，到电影院左拐，前面有一个大超市，超市后面有一个学校，学校的对面就是体育场了。
   问：工人体育场在哪儿？

7. 女：我说过多少次了，东西用完了要记着放回原处，你就是不听。看你的屋子，乱七八糟的！
   男：好了好了，我知道了，这就收拾。
   问：女的是什么语气？

8. 男：咱们去打球吧。
   女：我还有个报告没写完呢，经理急着要，要不咱们下午再说？
   问：女的现在打算做什么？

9. 女：小李请我去他家吃饭，你觉得会不会太麻烦人家？
   男：既然人家如此热情，你就不必客气了。
   问：男的认为女的应该怎么做？

10. 男：你帮我看看，这个句子这样翻译对吗？
    女：应该没错。不过，我也没有太大把握。
    问：女的是什么态度？

11. 女：我饭可以不吃，觉可以不睡，只要有电子游戏玩儿，可以一连在家待好几天。
    男：是吗？跟我太像了！
    问：男的喜欢做什么？

12. 男：上周我在这儿买了双鞋，穿了没几天就坏了，我想退货。
    女：对不起，这是由于个人原因造成的损坏，我们不能给您退货。
    问：根据对话，下列哪项正确？

13. 女：你毕业以后打算干什么？
    男：我也许会自己开公司，或者去当律师，也可能花一两年的时间到世界各地走走。
    问：男的现在是做什么的？

14. 男：你觉得中国菜怎么样？
    女：中国菜味道很好，口味也很多。不过有些菜油太多了，而且一些菜名也很难记。

问：关于中国菜，下列哪项不正确？

15. 女：谢天谢地！幸亏你及时赶到，不然我都不知道该怎么办了。
    男：看你着急的样子，这么点儿小事，至于吗？
    问：男的认为女的应该怎么样？

16. 男：今天的音乐会太棒了，我从没听过这么好的音乐会。
    女：是吗？我觉得马马虎虎。
    问：女的觉得音乐会怎么样？

17. 女：你最近成绩下降得很厉害，明天把你家长叫来，我要跟他们谈谈你的情况。
    男：可是他们都在外地出差呢。
    问：女的和男的是什么关系？

18. 男：我想去拜访王老师，可他这周有事。
    女：下周有考试，王老师也会很忙；下下周学校就放假了，王老师应该有时间。
    问：关于王老师，可以知道什么？

19. 女：今天下班后我去看妈妈，你去幼儿园接孩子吧。
    男：我下班后也有事，还是让我姐姐去吧。
    问：谁去接孩子？

20. 男：都30岁了，还不找对象，我都替你着急。
    女：替我急什么呀？你不是也单身吗？
    问：根据对话，下列哪项不正确？

第二部分

第21到45题，请选出正确答案。现在开始第21题：

21. 女：快点儿起床！七点半了。
    男：刚刚七点半，起什么床啊？
    女：八点就上课了，半个小时哪能赶到学校啊？你赶紧起床，我去做早饭。
    男：可是今天是周六啊！
    问：根据对话，下列哪项正确？

22. 男：天呀！我快要热死了！干什么都没心情。
    女：听说这样的高温还会持续好几天呢。

男：不会吧！那我可真的要疯了！
女：不过周末会下雨，到时候就凉快了。
问：他们在谈论什么？

23. 女：你好，这是我的银行卡，我想把这张卡里的钱都取出来。
    男：请把您的身份证给我。
    女：今天出门太匆忙，我把身份证忘在家里了。
    男：对不起，没有身份证我们不能为您办理这项业务。请您带好身份证，下次再来办理。
    问：根据对话，下列哪项正确？

24. 男：你这块手表真漂亮。
    女：那当然，这可是世界名牌。这是结婚纪念日那天，我丈夫送给我的礼物。
    男：你丈夫对你可真好。
    女：是呀，只要我喜欢的东西，不管多贵，他都会给我买。
    问：根据对话，可以知道什么？

25. 女：您好，现在查票，请把您的车票给我看看。
    男：对不起，刚才路上堵车，到车站的时候，我已经没时间买票了。
    女：没关系，请您马上到八号车厢补票。
    男：好的，谢谢。
    问：他们最可能在哪儿？

26. 男：我认为这个广告设计得还不错。
    女：可是我觉得它不符合我们公司的风格，而且也没什么创意。
    男：我们可以到市场上试一试，如果效果不好，就不用它了。
    女：但是广告的费用是很高的，如果失败了，会给公司带来损失。
    问：对于广告，女的是什么态度？

27. 女：妈妈让你买的药你买了吗？
    男：还没呢，我这几天太忙了。
    女：那弟弟要的新书包呢？
    男：也没买呢。你别着急，我现在先去公司加班，之后肯定一样不少地都给你买回来。
    问：男的现在去哪儿？

28. 男：你怎么选了这么个时间游览香山？
    女：别提了。从今年入春以来，我们公司就忙得不得了，一直到过完夏天才闲下来。
    男：那为什么不秋天去呢？秋天是游览香山的最好的季节。
    女：那时候我在国外呢，一直待了两个多月才回国。
    问：现在是什么季节？

29. 女：听说你跟你父母最近闹矛盾了？
    男：是的，都是因为结婚的事。
    女：为什么呀？
    男：我不想办婚礼，太麻烦了，我想旅行结婚，可我父母却说不办婚礼就不算正式结婚。
    问：关于结婚，男的父母是什么观点？

30. 男：您想买什么？
    女：我想买个手机，请问哪款比较好？
    男：这个红色的质量非常好，是这里卖得最好的一款手机；银色的功能很多，也很时尚；白色的很小巧，适合女性使用；黑色的样式有点儿过时了，所以最便宜。
    女：那我就要这个时尚些的吧。
    问：女的想买哪种颜色的手机？

第31到32题是根据下面一段对话：

女：经理，上午张老板给您打电话了，他想跟您再谈谈那个项目的事。
男：他说什么了？
女：张老板说，项目他很满意，只是觉得价格有点儿高，希望咱们能降低一些。
男：好，这个我会考虑。还说别的了吗？
女：张老板打算下个星期到咱们公司来跟您见个面，他请您有空儿的时候给他回个电话，约定一下见面的时间。您知道他的电话号码吗？
男：知道，我有他的名片。谢谢。

31. 下列哪项不是张老板电话的内容？
32. 男的怎么知道张老板的电话号码的？

第 33 到 34 题是根据下面一段对话：

男：不过年不过节的，你买这么多东西干什么呀？

女：我家小孩儿今天满月，我妈让我多买点儿好吃的，大家一起庆祝一下。

男：这可是喜事。小孩儿出生后满一个月、满一百天和一岁生日这三天，都是要隆重庆祝的。

女：不过说实话，给孩子过满月可真麻烦。家里来了好多亲戚，光做饭就快把我累死了。

男：为什么不去饭店吃呢？那多方便。

女：方便是方便，但是太贵了，出去吃一顿的钱能在家里吃好几顿了。

33. 小孩儿出生后的哪一天不需要庆祝？
34. 女的为什么不去饭店吃饭？

第 35 到 36 题是根据下面一段话：

有一次，我的一个同事耳朵出了问题，于是去医院看耳朵。医生拿着一个小灯照着她的耳朵，看了又看，感叹地说："你的耳朵真好看！"听了医生的夸奖，同事的心里美滋滋的，于是对医生说："长这么大，还是第一次有人夸我耳朵好看呢。"医生听了，说："哦，我是说你的耳道很直，一下就能看清楚。"

35. 同事听到医生的话，心情怎样？
36. 医生说"真好看"是什么意思？

第 37 到 38 题是根据下面一段话：

各位旅客，大家好，欢迎您乘坐我们的列车。本次列车是由北京开往上海的 T109 次列车，全程运行 1463 公里，历时约 15 个小时。本次列车设有硬座、软座、硬卧、软卧车厢，餐车在列车中部，欢迎大家前来用餐。由于本次列车是全封闭无烟列车，所以请旅客朋友们不要在车内吸烟，以免引起火灾，谢谢您的合作。祝大家旅途愉快！

37. 这趟列车共运行多长时间？
38. 餐车在哪儿？

第39到42题是根据下面一段话：

每年的"十一"长假是旅游的黄金周。在这七天的假期中，人们争先恐后地外出旅行。尽管火爆的黄金周给中国的旅游业、餐饮业、交通运输业带来了巨大的收益，但是由于出游人数猛增与出游时间集中而带来的各种问题也是不容忽视的。比如：公路拥挤，出行困难，宾馆涨价，票价翻倍，旅游景点接待资源不足，等等。因此，一些人开始考虑短途旅游和市内旅游，以避开黄金周带来的出行难、住宿难等问题。专家指出，黄金周这种集中休假的方式需要转变，各单位可以灵活安排职工的休假时间，以缓解黄金周供需不平衡的矛盾。

39. 黄金周没给哪个行业带来好处？
40. 黄金周的问题是由什么原因造成的？
41. 针对黄金周的压力，一些人采取的办法是什么？
42. 专家的建议是什么？

第43到45题是根据下面一段话：

高二时，学校举行运动会，最吸引人的一场比赛是男子1000米决赛。决赛时，全校学生都聚集在操场边。随着一声枪响，运动员们立刻冲了出去。就在这时，一位同学不小心把另一位同学撞倒了，撞人的那位同学并没有停下来，而跌倒的那位同学摔得很重，他试着自己爬起来，却没有成功。这时，跑得最快的选手已跑过一圈，他是学校有名的运动员，最有希望在这次比赛中夺冠。他经过跌倒的同学身旁时，停了下来，走过去扶起他，鼓励他坚持跑下去。那位同学点点头，他们相互扶着跑在最后面。此时，场上响起了热烈的掌声。这掌声是送给跑在最后的两个人的。多年过去了，那次比赛，究竟是谁获得了第一名、第二名，没有人能记住，大家永远忘不掉的是跑在最后面的两个人。

43. 运动会上最吸引人的比赛是什么？
44. 摔倒的学生为什么不自己站起来？
45. 大家为什么记得跑在最后的两个人？

听力考试现在结束。

听力专项训练(七)参考答案

听 力

第一部分

1. C	2. B	3. C	4. D	5. B
6. C	7. C	8. B	9. A	10. C
11. D	12. D	13. A	14. C	15. B
16. D	17. B	18. D	19. D	20. A

第二部分

21. A	22. D	23. A	24. D	25. B
26. A	27. C	28. D	29. A	30. B
31. A	32. D	33. B	34. C	35. C
36. A	37. C	38. B	39. C	40. A
41. D	42. B	43. D	44. B	45. C

听力专项训练(七)答案详解

第一部分

1. 女的说:"这本书12号到期,今天已经过期3天了,你需要交3元的罚款。"由"书"、"到期"、"过期"、"罚款"等词语可知男的在图书馆里,而且他借的书没有及时归还,过期了,需要缴纳罚款。所以C项是正确答案。

2. 女的说:"就是有了白头发,跑起来也没有当年那么快了。"可知女的有了改变:有了白头发,而且没有以前跑得快了,但是还能跑步。所以A、C、D三项都不正确,而B项是正确答案。

3. 女的问:"今晚你去看京剧吗?"男的说:"我很想去,可我妻子今晚要加班,孩子没人看。"可知男的想去看京剧,但是不能去,他不是要在家休息,而是要看孩子,因为妻子要加班。所以A、B、D三项都不正确,而C项是正确答案。

4. 女的说:"我想订一个普通双人间,楼层不要太高,最好是朝南的。另外,请给我挑一个比较安静的房间。"可知女的对房间的要求是"双人间"、"楼层不要太高"、"朝南"、"安静"。所以A、B、C三项都不正确,而D项是正确答案。

5. 男的说:"有意思?你在开玩笑吧。"可知男的觉得自己的工作没有意思,不赞同女的的说法。所以B项是正确答案。

6. 女的说:"到电影院左拐,前面有一个大超市,超市后面有一个学校,学校的对面就是体育场了。"可知工人体育场在学校对面,而电影院、超市都是去工人体育场要经过的地方。所以A、B、D三项都不正确,而C项是正确答案。

7. 女的说:"我说过多少次了,东西用完了要记着放回原处,你就是不听。"可知男的经常乱放东西,而且女的批评了他很多次都没有效果。又说:"看你的屋子,乱七八糟的!"可知女的在责备男的房间太乱。所以C项是正确答案。

8. 女的说:"我还有个报告没写完呢,经理急着要……"可知女的现在打算写报告。所以B项是正确答案。

9. 男的说:"既然人家如此热情,你就不必客气了。"可知男的认为小李很热情,女的不应该太客气,应该去吃饭。所以A项是正确答案。

10. 女的说:"我也没有太大把握。"可知女的对于这个句子是不是这样翻译也不确定。所以C项是正确答案。

11. 女的说:"只要有电子游戏玩儿,可以一连在家待好几天。"男的说:"跟我太像了!"可知男的和女的一样都喜欢玩儿电子游戏。所以D项是正确答案。

12. 女的说:"这是由于个人原因造成的损坏,我们不能给您退货。"可知男的的鞋是自己弄坏的,不能退货。所以C项不正确,而D项是正确答案。

13. 女的问:"你毕业以后打算干什么?"可知男的现在还没有毕业,还是学生。所以A项是正确答案。

14. 女的说:"中国菜味道很好,口味也很多。不过有些菜油太多了,而且一些菜名也很难记。"可知A、B、D三项内容都是中国菜的特点。而只是有些中国菜很油腻,但不是都很油腻。所以C项是正确答案。

15. 男的说:"看你着急的样子,这么点儿小事,至于吗?"可知男的认为这件事很小,不至于像女的那么紧张,应该冷静下来。所以B项是正确答案。

16. 女的说:"我觉得马马虎虎。""马马虎虎"的意思是还过得去,一般,不是特别好。可知女的认为音乐会很一般。所以D项是正确答案。

17. 女的说:"你最近成绩下降得很厉害,明天把你家长叫来……"由"成绩"、"家长"等词语可知,女的是男的的老师,他们是师生关系。所以B项是正确答案。

18. 男的说:"我想去拜访王老师,可他这周有事。"可知王老师最近很忙,所以A项不正确。女的说:"下周有考试,王老师也会很忙……"可知王老师下周也没有空儿,所以B项也不正确。又说:"下下周……王老师应该有时间。"可知王老师下下周有空儿,不忙。所以C项不正确,而D项是正确答案。

19. 女的说:"你去幼儿园接孩子吧。"男的说:"我下班后也有事,还是让我姐姐去吧。"可知女的让男的去接孩子,可男的也没空儿,男的想让自己的姐姐去接。所以D项是正确答案。

20. 男的说:"都30岁了,还不找对象,我都替你着急。"可知女的30岁了,还没有男朋友,男的很着急。所以B、C两项内容正确,而A项内容不正确。女的说:"你不是也单身吗?"可知男的也没有女朋友,所以D项内容也正确。所以A项是正确答案。

第二部分

21. 女的说："八点就上课了，半个小时哪能赶到学校啊？"可知学校八点上课，半个小时不能到学校，所以B、C两项都不正确。男的说："可是今天是周六啊！"可知今天是星期六，不用上课，所以A项是正确答案。

22. 男的说："我快要热死了！"女的说："听说这样的高温还会持续好几天呢。"又说："不过周末会下雨，到时候就凉快了。"可知他们在谈论天气。所以D项是正确答案。

23. 女的说："我想把这张卡里的钱都取出来。"男的说："请把您的身份证给我。"又说："没有身份证我们不能为您办理这项业务。"可知取钱需要身份证，所以A项是正确答案。女的说："我把身份证忘在家里了。"可知女的身份证在家里，不是在公司，所以C项不正确。由对话可知，女的是在银行取钱，因此男的是在银行工作，所以B项也不正确。对话中没有提到女的为什么取钱，所以D项也不正确。

24. 男的说："你这块手表真漂亮。"女的说："那当然，这可是世界名牌。"可知女的的手表很名贵，所以A项不正确。女的又说："这是结婚纪念日那天，我丈夫送给我的礼物。"可知女的已经结婚了，所以B项不正确。男的说："你丈夫对你可真好。"女的说："是呀，只要我喜欢的东西，不管多贵，他都会给我买。"可知女的的丈夫对她很好，所以D项是正确答案。

25. 女的说："现在查票，请把您的车票给我看看。"男的说："到车站的时候，我已经没时间买票了。"女的说："请您马上到八号车厢补票。"由"查票"、"车票"、"车站"、"买票"、"车厢"、"补票"等词语可知，他们最可能在火车上。所以B项是正确答案。

26. 女的说："可是我觉得它不符合我们公司的风格，而且也没什么创意。"可知女的对这个广告是否定和反对的态度。所以A项是正确答案。

27. 男的说："我现在先去公司加班……"可知男的现在要去公司加班。所以C项是正确答案。

28. 女的说："从今年入春以来，我们公司就忙得不得了，一直到过完夏天才闲下来。"可知春天和夏天，女的都没有时间游览香山。男的问："那为什么不秋天去呢？"女的说："那时候我在国外呢……"可知秋天女的也没去成香山，现在

— 137 —

应该是冬天了。所以D项是正确答案。

29. 男的说:"我不想办婚礼,太麻烦了,我想旅行结婚……"可知不办婚礼、不应该太麻烦、旅行结婚只是男的的想法。男的又说:"可我父母却说不办婚礼就不算正式结婚。"这是个双重否定句,可知男的的父母认为只有办婚礼才算正式结婚,因此必须办。所以B、C、D三项都不正确,而A项是正确答案。

30. 男的说:"银色的功能很多,也很时尚……"女的说:"那我就要这个时尚些的吧。"可知女的想买银色的手机。所以B项是正确答案。

31. 女的说:"张老板说,项目他很满意,只是觉得价格有点儿高……"可知B、D两项都是张老板电话的内容。女的又说:"他请您有空儿的时候给他回个电话……"可知C项也是张老板电话的内容。对话中没提到张老板请男的吃饭的事情,所以A项是正确答案。

32. 女的问:"您知道他的电话号码吗?"男的说:"知道,我有他的名片。"可知男的知道张老板的电话号码,是因为他有张老板的名片。所以D项是正确答案。

33. 男的说:"小孩儿出生后满一个月、满一百天和一岁生日这三天,都是要隆重庆祝的。"可知小孩儿出生后第30天、第100天和一岁生日这三天都需要隆重庆祝。所以B项是正确答案。

34. 男的问:"为什么不去饭店吃呢?那多方便。"女的说:"方便是方便,但是太贵了……"可知女的不去饭店吃饭,不是因为不方便,而是因为太贵了。所以D项不正确,而C项是正确答案。

35. 从录音中听到:"听了医生的夸奖,同事的心里美滋滋的……""美滋滋"的意思是心里高兴而在脸上表现出很得意的样子,可知同事听了医生的话很高兴。所以C项是正确答案。

36. 从录音最后听到,医生说:"我是说你的耳道很直,一下就能看清楚。"可知医生说"真好看",意思是"容易看清楚"。所以A项是正确答案。

37. 从录音中听到:"历时约15个小时。""历时"的意思是"经过的时间",可知这趟列车共运行15个小时。所以C项是正确答案。

38. 从录音中听到:"餐车在列车中部,欢迎大家前来用餐。"所以B项是正确答案。

39. 从录音中听到:"尽管火爆的黄金周给中国的旅游业、餐饮业、交通运输业带来了巨大的收益……"可知 A、B、D 三项都从黄金周中受益。所以 C 项是正确答案。

40. 从录音中听到:"但是由于出游人数猛增与出游时间集中而带来的各种问题也是不容忽视的。"可知黄金周的问题是由人多且集中造成的。所以 A 项是正确答案。

41. 从录音中听到:"一些人开始考虑短途旅游和市内旅游,以避开黄金周带来的出行难、住宿难等问题。"可知针对黄金周的压力,一些人采取了短途旅游和市内旅游两种办法。所以 D 项是正确答案。

42. 从录音最后听到:"专家指出,黄金周这种集中休假的方式需要转变,各单位可以灵活安排职工的休假时间,以缓解黄金周供需不平衡的矛盾。"可知专家的建议是灵活安排休假。所以 B 项是正确答案。

43. 从录音开头听到:"最吸引人的一场比赛是男子 1000 米决赛。"所以 D 项是正确答案。

44. 从录音中听到:"而跌倒的那位同学摔得很重,他试着自己爬起来,却没有成功。"可知摔倒的学生自己站不起来,是因为伤得很重。所以 B 项是正确答案。

45. 从录音中听到:"跑得最快的选手……停了下来,走过去扶起他,鼓励他坚持跑下去……场上响起了热烈的掌声。这掌声是送给跑在最后的两个人的。"可知跑得最快的选手放弃了冠军而扶起了摔倒的同学,两个人一起向终点前进,大家被他们的精神感动了。所以 C 项是正确答案。

新汉语水平考试
HSK（五级）
听力专项训练
（八）

听 力

第一部分

第1-20题：请选出正确答案。

1. A 很慢
   B 很认真
   C 很详细
   D 不认真

2. A 热水管坏了
   B 女的是维修工
   C 房间里没冷水
   D 下午六点后有热水

3. A 男的的父母
   B 男的的妹妹
   C 男的的同学
   D 男的的女朋友

4. A 女的拿走了书
   B 男的在收拾房间
   C 男的找不到书了
   D 男的从不收拾房间

5. A 辩论
   B 面试
   C 聊天
   D 上课

6. A 房间太拥挤
   B 同屋的人不睡觉
   C 同屋的人打呼噜
   D 和同屋的人吵架了

7. A 男的没交电费
   B 家里的灯坏了
   C 只有他们家停电了
   D 整个小区都停电了

8. A 电影还不错
   B 电影不好看
   C 电影中有垃圾
   D 女的没去看电影

9. A 撞了行人
   B 闯了红灯
   C 没有驾照
   D 开车太快

10. A 恶心
    B 呕吐
    C 发烧
    D 头晕

11. A 优惠卡到期了
    B 优惠卡不能使用
    C 今天是6月2日
    D 今天是5月29日

12. A 想买房
    B 没借到钱
    C 刚买了车
    D 借到了钱

— 143 —

13. A 邻居
    B 同学
    C 同事
    D 朋友

14. A 晴天
    B 下雨
    C 多云
    D 阴天

15. A 6000元
    B 4000元
    C 8000元
    D 2000元

16. A 航班晚点了
    B 女的要去上海
    C 上海天气不好
    D 到京时间不确定

17. A 女的的姐姐很漂亮
    B 女的的钢琴很漂亮
    C 女的的姐姐没得过奖
    D 女的的姐姐钢琴弹得好

18. A 教室
    B 大礼堂
    C 小礼堂
    D 学生活动中心

19. A 父母遗传
    B 看书太多
    C 眼睛受过伤
    D 上网时间太长

20. A 卖掉打印机
    B 不修理打印机
    C 自己修理打印机
    D 请人修理打印机

第二部分

第21-45题：请选出正确答案。

21. A 男的是学生
    B 男的肚子疼
    C 男的撒谎了
    D 男的想吃冰激凌

22. A 第九名
    B 第五名
    C 第四名
    D 第一名

23. A 电视剧明天结束
    B 女的不想看电视剧
    C 男的喜欢"科学世界"
    D "科学世界"八点半开始

24. A 老板骗人
    B 男的买得少
    C 花儿很珍贵
    D 今天情人节

25. A 男的眼花了
    B 男的没有车票
    C 女的走错了车厢
    D 男的不愿给女的让座

26. A 秘书
    B 老师
    C 导游
    D 服务员

27. A 车站
    B 机场
    C 公司
    D 实验室

28. A 刚吃过
    B 没新意
    C 正在减肥
    D 需要休息

29. A 很便宜
    B 是假的
    C 很珍贵
    D 历史悠久

30. A 男的牙不好
    B 男的爱吃软的菜
    C 男的的爸爸安了假牙
    D 炒得太久的菜没营养

31. A 跟男的吃饭
    B 约朋友跳舞
    C 跟男的去唱歌
    D 去给朋友帮忙

32. A 内向
    B 外向
    C 坚强
    D 活泼

33. A 药非常管用
    B 药是进口的
    C 药的价格上涨了
    D 医生想多赚些钱

34. A 不买药
    B 买贵的药
    C 买便宜的药
    D 去别的地方买药

35. A 他胳膊疼
    B 他不会汉语
    C 他十分幽默
    D 司机听不见

36. A 飞机场
    B 养鸡场
    C 火车站
    D 烤鸭店

37. A 30%
    B 2.3%
    C 8.1%
    D 50%

38. A 运动太少
    B 饮食太好
    C 睡觉过多
    D 饮食不健康

39. A 很失望
    B 很新鲜
    C 讨厌度假
    D 舍不得结束

40. A 半年
    B 半个多月
    C 一个多月
    D 两个多月

41. A 儿媳妇整容了
    B 她们没见过面
    C 年轻人没作介绍
    D 年轻人的妈妈记性差

42. A 怕妈妈生气
    B 怕妈妈反对
    C 想给妈妈一个惊喜
    D 没来得及告诉妈妈

43. A 人们喜欢孩子
    B 国家法律禁止
    C 父母坚决反对
    D 不符合传统观念

44. A 观念发生变化
    B 经济负担太重
    C 国外观念的影响
    D 中国传统观念的影响

45. A 教育费用高
    B 孩子爱好广
    C 父母没时间
    D 物价的降低

听力专项训练(八)听力材料

(音乐,30秒,渐弱)

大家好!欢迎参加 HSK(五级)考试。
大家好!欢迎参加 HSK(五级)考试。
大家好!欢迎参加 HSK(五级)考试。

HSK(五级)听力考试分两部分,共 45 题。
请大家注意,听力考试现在开始。

第一部分

第 1 到 20 题,请选出正确答案。现在开始第 1 题:

1. 女:报告这么快就写完了?
   男:这报告根本没人看,简单写写就行了。
   问:男的是怎样写报告的?

2. 男:前台吗?我的房间里没有热水,怎么回事?
   女:下午六点准时供应热水,如果到时还没有,我们会派人去修。
   问:根据对话,下列哪项正确?

3. 女:照片上这些人是谁?
   男:这个是我父亲,这个是我母亲,这个是我妹妹,旁边的是她的男朋友,也是我的同班同学。
   问:男的没提到谁?

4. 男:我的书你见到了吗?下午你收拾房间的时候动过吗?
   女:你的东西我从来不动。
   问:根据对话,下列哪项正确?

5. 女:请谈一下你为什么来应聘这份工作。
   男:我对这份工作很感兴趣,而且我认为我的个人条件也很符合贵公司的要求。
   问:他们在做什么?

6. 男:请问可以给我换个房间吗?我同屋的人睡觉打呼噜,吵得我睡不着。
   女:好的,请稍等。

问：男的为什么要换房间？

7. 女：怎么停电了？是不是忘了交电费了？
   男：我前天刚交了电费。你看，小区里别的住户家里也都没电。
   问：根据对话，下列哪项正确？

8. 男：昨天的电影怎么样？
   女：剧情太垃圾了，可惜我那50块钱了。
   问：根据对话，下列哪项正确？

9. 女：交警同志，为什么拦住我的车？
   男：你超速了。按规定，要罚款一百元。请先把你的驾照给我。
   问：女的为什么被罚款？

10. 男：你怎么了？不舒服吗？
    女：我头晕，恶心，还有点儿发烧。你陪我去医院好吗？
    问：下列哪项不是女的生病的表现？

11. 女：这张优惠卡还可以用吗？
    男：这张卡的有效期到5月31号，还有两天就到期了。
    问：根据对话，下列哪项正确？

12. 男：你能借我两万块钱吗？我打算买车。
    女：真不巧，我上个月刚买了房子。
    问：关于男的，可以知道什么？

13. 女：以后咱们就要在一起工作了，请您多多关照。
    男：好的，欢迎你。
    问：他们是什么关系？

14. 男：明天天气怎么样？
    女：上午多云，下午转阴，晚上有雨。
    问：明天下午天气怎么样？

15. 女：这个月的薪水发了吗？
    男：发了。工资5000元，加上奖金2000元，再扣掉1000元保险金。
    问：男的这个月实际收入多少钱？

16. 男：你几点到北京机场？
　　女：由于天气原因，我坐的那个航班取消了，不知道什么时候才能到。
　　问：根据对话，下列哪项正确？

17. 女：我姐姐弹得一手好钢琴，在很多大型比赛上都获过奖。
　　男：是吗？你姐姐真棒！
　　问：根据对话，下列哪项正确？

18. 男：讲座是10点在小礼堂举行吗？
　　女：时间没变，地点改到学生活动中心了，请你通知一下教室里的同学们。
　　问：讲座在哪里举行？

19. 女：这孩子的视力怎么下降得这么快？
　　男：他一天到晚地上网，也不休息休息，眼睛不坏才怪呢。
　　问：孩子的视力为什么下降？

20. 男：这种打印机修理起来比较麻烦，所以修理费大概得三四百块钱。
　　女：这么贵呀。要是这样，我还是去买台新的吧。
　　问：女的打算怎么做？

第二部分

第21到45题，请选出正确答案。现在开始第21题：

21. 女：今天怎么这么早就放学了？
　　男：我肚子疼，跟老师请假了。
　　女：看来晚上不能带你去吃冰激凌了。
　　男：太奇怪了，我的肚子怎么突然不疼了呢？
　　问：根据对话，下列哪项不正确？

22. 男：听说你家孩子这次考了全班第一，恭喜啊！
　　女：谢谢。我听我家孩子说，你家小明这次考得也不错，是第五名吧？
　　男：是，这次比上次又进步了四名。
　　女：我就说嘛，小明很聪明的。
　　问：小明上次考了第几名？

23. 女：电视剧几点开始？
　　男：八点半。不过，我建议你看一下"科学世界"，这个节目可比电视剧有意思多了。

女：我还是看电视剧吧，今天最后一集了，我想知道结局。

男：好，那你看吧。

问：根据对话，下列哪项正确？

24. 男：我买99朵玫瑰花。

    女：好的，一共800块。

    男：怎么这么贵？平时不是3块钱一朵吗？

    女：今天是情人节，花儿涨价了。

    问：花儿为什么这么贵？

25. 女：对不起，我是58号，这个座位是我的。

    男：奇怪了，我也是58号。阿姨，我可以看看您的车票吗？

    女：可以，这是我的票。

    男：阿姨，您的座位是8车厢58号，这儿是3车厢。

    女：人老了眼睛都花了，对不起啊。

    问：根据对话，下列哪项正确？

26. 男：大家注意了，我来说一下今天的行程安排。上午9点我们去参观故宫，中午12点准时回到这里集合，下午我们去颐和园。

    女：请问一下，中午提供午餐吗？

    男：提供，大家的旅行费中已经包含了午餐的费用。大家还有别的问题吗？

    女：没有了。

    问：男的最可能是做什么的？

27. 女：对不起，请您打开包，我们要进行安检。

    男：好的。

    女：您包里的化学物品属于危险品，很抱歉，您不能把它们带上车。

    男：我们公司急需这些样品，怎么办呢？

    女：请交给我们吧，会有专门人员帮您处理。

    问：他们最可能在哪儿？

28. 男：明天是咱们的结婚纪念日，去看电影好不好？

    女：上周末刚看了，太没新意了。

    男：要不去吃顿大餐？

    女：算了吧，我最近正节食呢。

男：这也不行，那也不行，干脆就在家里睡觉吧。
问：女的为什么不去吃大餐？

29. 女：这幅书法作品出自唐代著名书法家之手，非常珍贵。
    男：我怎么记得老李家也有一幅呢？跟这个一模一样，还挺贵呢。
    女：怎么可能？这幅作品只有一件，被收藏在国家博物馆里。
    男：还好老李不在，不然他可要伤心了。
    问：关于老李家的书法作品，下列哪项正确？

30. 男：妈，这菜您怎么做得这么软呀，准是在锅里炒得时间长了吧？
    女：你爸爸牙不好，吃不了硬的。
    男：可书上说，菜炒得时间太长就没营养了。您回头跟我爸说说，让他去安个假牙吧，省得他老吃这没营养的菜。
    女：行。
    问：根据对话，下列哪项正确？

第 31 到 32 题是根据下面一段对话：
    女：谢谢你上次帮我的忙，今晚我请你吃饭怎么样？
    男：今晚不行，我约了朋友一起去唱歌，要不你跟我们一起去吧。
    女：可是你的朋友我都不认识，我这个人又不太爱说话，会不会很尴尬？
    男：不会的。我的朋友都很好，我保证你会喜欢他们的。
    女：好吧。

31. 女的晚上可能做什么？
32. 女的性格怎么样？

第 33 到 34 题是根据下面一段对话：
    男：医生，这药怎么这么贵？是不是弄错了？
    女：我看看。没错，你孩子的病情加重了，需要抓紧控制病情发展，所以这次我开的药都是进口的，价格自然也就高得多。
    男：是这样啊。
    女：如果你觉得太贵，我可以把其中的一两样药换成便宜些的。
    男：不用了，只要管用，贵就贵点儿吧。

33. 药为什么很贵？

34. 男的最后决定怎么办？

第 35 到 36 题是根据下面一段话：

　　一天，一位外国人想坐出租车去机场，但不知道"机场"用汉语怎么说，跟司机解释了半天，也无法让司机明白他要去的地方。外国人没办法了，只好张开两只胳膊，做出飞机飞行的样子。司机恍然大悟，说："明白了，明白了。"于是，司机开着汽车，很快就把外国人拉到了目的地。可是，外国人下车一看，立刻傻了，在他面前的是一个养鸡场。

35. 外国人为什么张开胳膊做动作？
36. 司机认为外国人想去哪儿？

第 37 到 38 题是根据下面一段话：

　　随着生活水平的提高，超重和肥胖已成为影响人们健康的重要问题。尽管目前流行着很多种减肥方法，但这并不能阻止超重和肥胖人口的增长。据统计，目前大城市中成人超重率和肥胖率分别高达 30% 和 2.3%；儿童肥胖率更高，达到 8.1%。专家指出，导致超重和肥胖的原因是吃得太好、动得太少以及饮食不健康，若不及时控制，今后肥胖人群的比例还将会有更大幅度的增长。

37. 目前大城市中成人肥胖率为多少？
38. 造成肥胖的原因不包括下列哪项？

第 39 到 42 题是根据下面一段话：

　　一个年轻人和妻子去外国度假，一口气转了好几个国家。两个多月以后，两个人才恋恋不舍地坐着飞机回家。到了家门口，妻子去按门铃。年轻人的妈妈听到门铃赶紧开门，打开门一看，妈妈愣住了，只见一个漂亮、时尚的女子靠在年轻人的肩上。妈妈大喊："你是谁呀？为什么跟我儿子这么亲密？我告诉你，我儿子有老婆，你别胡来！"年轻人听了赶紧解释："妈，您喊什么呀？这就是您的儿媳妇啊。她在度假期间整容了，我没告诉您是想给您一个惊喜。"

39. 年轻人和妻子对度假感觉怎样？
40. 他们在国外待了多长时间？
41. 年轻人的妈妈为什么不认识儿媳妇了？
42. 年轻人为什么没告诉妈妈？

第43到45题是根据下面一段话：

"丁克族"是指不要孩子的夫妻。过去，丁克族在中国非常少见，因为丁克族的做法是违背中国传统观念的。可是现在，年轻的丁克族却越来越多。除了年轻人思想观念的转变之外，经济负担也成为一些年轻人选择"丁克"的原因之一。随着物价的上涨和教育费用的不断提高，抚养孩子的成本也在飞速上涨。有人算过，在城市里，一个孩子上小学之前大约就需要花费10万元，甚至更多。上学后的各种学习费用、补习费用、娱乐费用等等，就更多了。所以，很多年轻人在经济上不想有太大的负担和压力，于是就选择了"丁克"。

43. 过去，在中国丁克族为什么很少见？
44. 这段话主要讲了人们选择"丁克"的哪个原因？
45. 抚养孩子成本提高的原因是什么？

听力考试现在结束。

听力专项训练(八)参考答案

听 力

第一部分

1. D	2. D	3. D	4. C	5. B
6. C	7. D	8. B	9. D	10. B
11. D	12. B	13. C	14. D	15. A
16. D	17. D	18. D	19. D	20. B

第二部分

21. B	22. A	23. C	24. D	25. C
26. C	27. A	28. C	29. B	30. D
31. C	32. A	33. B	34. B	35. B
36. B	37. B	38. C	39. D	40. D
41. A	42. C	43. D	44. B	45. A

听力专项训练（八）答案详解

第一部分

1. 男的说："这报告根本没人看，简单写写就行了。"可知男的认为没有人会看报告，因此没有认真地写。所以 D 项是正确答案。

2. 男的说："前台吗？"可知女的是前台，而不是维修工，所以 B 项不正确。又说："我的房间里没有热水，怎么回事？"可知男的的房间没有热水，而不是没有冷水，所以 C 项也不正确。女的说："下午六点准时供应热水……"可知不是热水管坏了，而是还没到供应热水的时间，六点以后就有热水了。所以 A 项不正确，而 D 项是正确答案。

3. 男的说："这个是我父亲，这个是我母亲，这个是我妹妹，旁边的是她的男朋友，也是我的同班同学。"可知男的提到了四个人：父亲、母亲、妹妹、妹妹的男朋友，也就是男的的同学；但是没有提到男的的女朋友。所以 D 项是正确答案。

4. 男的问："我的书你见到了吗？"可知男的找不到书了，所以 C 项是正确答案。又问："下午你收拾房间的时候动过吗？"可知是女的帮助男的收拾房间，但没说男的从不收拾房间，所以 B、D 两项都不正确。女的说："你的东西我从来不动。"可知女的没有拿男的的书，所以 A 项也不正确。

5. 女的说："请谈一下你为什么来应聘这份工作。"可知男的是来应聘工作的，他们正在面试。所以 B 项是正确答案。

6. 男的说："我同屋的人睡觉打呼噜，吵得我睡不着。"可知男的换房间，是因为同屋的人打呼噜。所以 C 项是正确答案。

7. 男的说："我前天刚交了电费。你看，小区里别的住户家里也都没电。"可知家里停电不是因为没交电费，也不只他们一家没电，而是整个小区都没电。所以 A、C 两项都不正确，而 D 项是正确答案。

8. 女的说："剧情太垃圾了，可惜我那50块钱了。""垃圾"比喻没有价值或失去作用的东西，可知女的觉得电影不好看。所以 B 项是正确答案。

9. 男的说："你超速了。按规定，要罚款一百元。"可知女的被罚款，是因为开车开得太快了。所以 D 项是正确答案。

10. 女的说:"我头晕,恶心,还有点儿发烧。"可知A、C、D三项都是女的生病的表现。所以B项是正确答案。

11. 男的说:"这张卡的有效期到5月31号,还有两天就到期了。"可知今天是5月29号,优惠卡还没有到期,还能使用。所以A、B、C三项都不正确,而D项是正确答案。

12. 男的说:"你能借我两万块钱吗?我打算买车。"可知男的打算买车,想向女的借钱,所以A、C两项都不正确。女的说:"真不巧,我上个月刚买了房子。"可知女的刚买了房子,没有钱借给男的了。所以D项不正确,而B项是正确答案。

13. 女的说:"以后咱们就要在一起工作了,请您多多关照。"可知女的要和男的一起工作,两个人是同事关系。所以C项是正确答案。

14. 女的说"下午转阴",可知明天下午是阴天。所以D项是正确答案。

15. 男的说:"工资5000元,加上奖金2000元,再扣掉1000元保险金。""扣掉"是减去的意思,可知男的的实际收入是:5000+2000-1000=6000元。所以A项是正确答案。

16. 男的问:"你几点到北京机场?"可知女的要去北京,所以B项不正确。女的说:"由于天气原因,我坐的那个航班取消了,不知道什么时候才能到。"可知女的的航班取消了,并不是晚点了,所以A项不正确。航班取消的原因是因为天气不好,但对话中没有提到上海,所以C项不正确。女的不确定什么时候能到北京,所以D项是正确答案。

17. 女的说:"我姐姐弹得一手好钢琴,在很多大型比赛上都获过奖。""动词+得一手好+名词"结构,如"弹得一手好琴"、"写得一手好字",意思是弹琴弹得很好、写字写得很好。可知女的的姐姐琴弹得很好,还得过奖。所以C项不正确,而D项是正确答案。

18. 男的问:"讲座是10点在小礼堂举行吗?"女的说:"……地点改到学生活动中心了……"可知讲座地点由小礼堂改到学生活动中心了。所以C项不正确,而D项是正确答案。

19. 男的说:"他一天到晚地上网,也不休息休息,眼睛不坏才怪呢。""一天到晚"表示从早到晚,时间很长且没有间断,可知孩子的视力下降是因为上网上得时间太长了。所以 D 项是正确答案。

20. 女的说："这么贵呀。要是这样，我还是去买台新的吧。"可知女的觉得打印机修理起来太贵了，打算不修理了而是去买台新的。所以 B 项是正确答案。

第二部分

21. 女的问："今天怎么这么早就放学了？"可知男的是学生，所以 A 项内容正确。男的说："我肚子疼……"女的说："看来晚上不能带你去吃冰激凌了。"男的说："太奇怪了，我的肚子怎么突然不疼了呢？"可知男的并不是真的肚子疼，他是因为不想上学所以撒了谎，当他听到女的要带他吃冰淇淋时，就说自己肚子不疼了，说明他很想吃冰淇淋。所以 C、D 两项内容正确，而 B 项内容不正确，所以 B 项是正确答案。

22. 女的说："你家小明这次……是第五名吧？"男的说："这次比上次又进步了四名。"可知小明上次考了第九名。所以 A 项是正确答案。

23. 男的说："我建议你看一下'科学世界'，这个节目可比电视剧有意思多了。"可知男的喜欢看"科学世界"，所以 C 项是正确答案。女的说："我还是看电视剧吧，今天最后一集了……"可知女的还是想看电视剧，电视剧今天就结束了，所以 A、B 两项都不正确。

24. 女的说："今天是情人节，花儿涨价了。"可知花儿贵是因为今天是情人节。所以 D 项是正确答案。

25. 男的说："奇怪了，我也是 58 号。"可知男的有车票，所以 B 项不正确。男的说："阿姨，您的座位是 8 车厢 58 号，这儿是 3 车厢。"可知是女的走错了车厢，所以 C 项是正确答案。女的说："人老了眼睛都花了……"可知是女的眼花了，看错了票，所以 A 项不正确。

26. 男的说："我来说一下今天的行程安排。上午 9 点我们去参观故宫……下午我们去颐和园。"又说："大家的旅行费中已经包含了午餐的费用。"由"行程安排"、"参观"、"旅行费"等词语中可知，男的最可能是导游。所以 C 项是正确答案。

27. 女的说："我们要进行安检。"又说："您包里的化学物品属于危险品，很抱歉，您不能把它们带上车。"可知他们正在进行安检，由"上车"可知他们最可能是在车站。所以 A 项是正确答案。

28. 男的问："要不去吃顿大餐？"女的说："算了吧，我最近正节食呢。""节食"是指为了减肥而少吃东西，可知女的不去吃大餐是因为正在减肥。所以 C 项是正确答案。

29. 男的说："……老李家也有一幅……还挺贵呢。"所以 A 项不正确。女的说："怎么可能？这幅作品只有一件，被收藏在国家博物馆里。"男的说："还好老李不在，不然他可要伤心了。"可知这幅作品只有一件，在国家博物馆里，老李家的是假的。所以 B 项是正确答案。

30. 男的说："妈，这菜您怎么做得这么软呀……"这是抱怨的语气，可知男的不爱吃软的菜，所以 B 项不正确。女的说："你爸爸牙不好，吃不了硬的。"可知是男的的爸爸牙不好，不是男的牙不好，所以 A 项不正确。男的说："菜炒得时间太长就没营养了。"可知炒得太久的菜没营养，所以 D 项是正确答案。男的又说："您回头跟我爸说说，让他去安个假牙吧……"可知男的的爸爸现在还没安假牙，所以 C 项也不正确。

31. 男的说："我约了朋友一起去唱歌，要不你跟我们一起去吧。"女的说："好吧。"可知女的晚上会跟男的一起去唱歌。所以 C 项是正确答案。

32. 女的说："我这个人又不太爱说话……"可知女的不爱说话，比较内向。所以 A 项是正确答案。

33. 女的说："我开的药都是进口的，价格自然也就高得多。"可知药贵是因为药是进口的。所以 B 项是正确答案。

34. 男的最后说："只要管用，贵就贵点儿吧。"可知男的最后决定买贵的药。所以 B 项是正确答案。

35. 从录音中听到："外国人……不知道'机场'用汉语怎么说……只好张开两只胳膊，做出飞机飞行的样子。"可知外国人张开胳膊做动作，是因为他不会说汉语。所以 B 项是正确答案。

36. 从录音最后听到："在他面前的是一个养鸡场。"可知司机以为外国人想去养鸡场。所以 B 项是正确答案。

37. 从录音中听到："目前大城市中成人超重率和肥胖率分别高达 30% 和 2.3%……"

可知大城市中成人肥胖率为 2.3%。所以 B 项是正确答案。

38. 从录音中听到："导致超重和肥胖的原因是吃得太好、动得太少以及饮食不健康……"可知 A、B、D 三项都是造成肥胖的原因。所以 C 项是正确答案。

39. 从录音中听到："两个多月以后，两个人才恋恋不舍地坐着飞机回家。""恋恋不舍"形容非常留恋，舍不得离开。所以 D 项是正确答案。

40. 从录音中听到："两个多月以后，两个人才恋恋不舍地坐着飞机回家。"可知他们在国外待了两个多月。所以 D 项是正确答案。

41. 从录音最后听到："她在度假期间整容了……"可知年轻人的妈妈不认识儿媳妇了，是因为儿媳妇在度假期间整容了。所以 A 项是正确答案。

42. 从录音最后听到，年轻人对妈妈说："我没告诉您是想给您一个惊喜。"可知年轻人没告诉妈妈是想给妈妈一个惊喜。所以 C 项是正确答案。

43. 从录音中听到："过去，丁克族在中国非常少见，因为丁克族的做法是违背中国传统观念的。"可知过去在中国丁克族少见是因为这种做法不符合中国传统观念。所以 D 项是正确答案。

44. 从录音中听到："除了年轻人思想观念的转变之外，经济负担也成为一些年轻人选择'丁克'的原因之一。"又听到："物价的上涨"、"教育费用的不断提高"、"成本也在飞速上涨"等等，可知这段话主要讲人们选择"丁克"的原因是经济负担太重。所以 B 项是正确答案。

45. 从录音中听到："随着物价的上涨和教育费用的不断提高，抚养孩子的成本也在飞速上涨。"可知抚养孩子的成本提高的原因是物价的上涨和教育费用的提高。所以 A 项是正确答案。

新汉语水平考试
HSK（五级）
听力专项训练
（九）

听 力

第一部分

第1-20题：请选出正确答案。

1. A 摔破头了
   B 做恶梦了
   C 腿摔断了
   D 从山上掉下来了

2. A 女的是司机
   B 女的喝白酒
   C 女的喝红酒
   D 女的还没成年

3. A 车票容易买
   B 男的很紧张
   C 男的没买到车票
   D 男的没买到卧铺

4. A 早上
   B 中午
   C 下午
   D 晚上

5. A 爸爸喜欢踢球
   B 姐姐喜欢跳舞
   C 哥哥没有爱好
   D 妈妈喜欢小提琴

6. A 不太累
   B 这周的任务没完成
   C 这周的任务完成了
   D 下周的任务完成了

7. A 旅游
   B 前进
   C 出发
   D 健身

8. A 怀疑
   B 遗憾
   C 批评
   D 夸奖

9. A 很有效
   B 没效果
   C 很便宜
   D 让人头疼

10. A 不消化
    B 不想吃
    C 受不了
    D 吃不了

11. A 要出门
    B 坐火车
    C 坐车时间短
    D 带了很多吃的

12. A 医院
    B 超市
    C 理发店
    D 食品店

— 163 —

13. A 很听话
    B 很可笑
    C 很能干
    D 很烦人

14. A 没吃的
    B 生病了
    C 没换水
    D 吃太多

15. A 楼层好
    B 价格低
    C 面积小
    D 光线差

16. A 昨天地震了
    B 地震很厉害
    C 男的没感觉到
    D 女的当时在车上

17. A 银行
    B 邮局
    C 饭馆
    D 地铁站

18. A 在面试
    B 在谈恋爱
    C 在作调查
    D 在谈生意

19. A 要退休了
    B 换工作了
    C 工作时间短
    D 不喜欢工作

20. A 小李长得老
    B 小李很成熟
    C 小李有经验
    D 小李太年轻

第二部分

第 21-45 题：请选出正确答案。

21. A 男的
    B 张老师
    C 李老师
    D 王老师

22. A 教学质量差
    B 好学生太少
    C 担心孩子学坏
    D 学校制度不好

23. A 父母反对
    B 男朋友没有钱
    C 男朋友脾气不好
    D 小云喜欢上了别人

24. A 女的
    B 男的
    C 小狗
    D 不清楚

25. A 惊喜
    B 失望
    C 羡慕
    D 惋惜

26. A 十点
    B 十一点
    C 九点半
    D 九点五十

27. A 书房
    B 厕所
    C 厨房
    D 卧室

28. A 两种
    B 三种
    C 四种
    D 五种

29. A 学历高
    B 有经验
    C 怕吃苦
    D 有工作

30. A 红队赢了
    B 蓝队赢了
    C 红队实力差
    D 蓝队轻视对手

31. A 迷路了
    B 路面太滑
    C 路上堵车
    D 家附近在修路

32. A 饭店
    B 酒吧
    C 游乐场
    D 女的家里

33. A 在马路这边坐 1 路车
　　B 到马路对面坐 1 路车
　　C 在马路这边坐 11 路车
　　D 到马路对面坐 11 路车

34. A 博物馆
　　B 展览馆
　　C 人民医院
　　D 海洋公园

35. A 开学的时候
　　B 放假的时候
　　C 公布成绩的时候
　　D 开家长会的时候

36. A 考得很差
　　B 考了第一名
　　C 学校没有公布
　　D 学校已经通知妈妈了

37. A 早晨
　　B 中午
　　C 傍晚
　　D 晚上

38. A 对健康有利
　　B 对健康不利
　　C 有利于体力恢复
　　D 有利于血压稳定

39. A 逃避敌人
　　B 喜欢睡觉
　　C 是一种习惯
　　D 减少体力消耗

40. A 不呼吸
　　B 暂时死去
　　C 新陈代谢变慢
　　D 需要不停地吃东西

41. A 温度
　　B 季节
　　C 进食的多少
　　D 冬眠动物的种类

42. A 冬眠的好处
　　B 动物怎样冬眠
　　C 动物冬眠的实验
　　D 冬眠的原因和特点

43. A 非常苦
　　B 很好吃
　　C 个子小
　　D 是绿色的

44. A 桃树太高了
　　B 他先让别人吃
　　C 老爷爷不让他摘
　　D 他认为桃子不好吃

45. A 爱撒谎
　　B 很聪明
　　C 不会爬树
　　D 不爱吃桃子

听力专项训练(九)听力材料

(音乐,30秒,渐弱)

大家好!欢迎参加 HSK(五级)考试。

大家好!欢迎参加 HSK(五级)考试。

大家好!欢迎参加 HSK(五级)考试。

HSK(五级)听力考试分两部分,共45题。

请大家注意,听力考试现在开始。

第一部分

第1到20题,请选出正确答案。现在开始第1题:

1. 女:你怎么了?满头大汗的?
   男:我梦见自己从山上掉下来,头破了,腿也折了,吓死我了。
   问:男的怎么了?

2. 男:你喝白酒、红酒还是啤酒?
   女:妈妈说未成年人不能喝酒。
   问:根据对话,下列哪项正确?

3. 女:买到卧铺了吗?
   男:春节前的火车票特别紧张,能买到票就不错了。
   问:根据对话,下列哪项正确?

4. 男:你怎么起得这么早?
   女:现在是上班高峰,早点儿走可以避免堵车。
   问:现在是什么时候?

5. 女:你的家人都有些什么爱好?
   男:我爸爸喜欢看球赛,妈妈喜欢跳舞,姐姐喜欢拉小提琴,但哥哥没什么爱好。
   问:关于男的家人,下列哪项正确?

6. 男:你的任务完成得怎么样了?
   女:这周的任务完成了,下周的也差不多了。现在我得休息一下,好累呀!
   问:关于女的,可以知道什么?

7. 女：你打算什么时候动身？
   男：明天吧，我决定坐飞机去。
   问：根据对话，"动身"是什么意思？

8. 男：你的汉语说得真地道！学了几年了？
   女：三年了。
   问：男的是什么语气？

9. 女：吃了这种药，你感觉好些了吗？
   男：我的头还是疼，看来贵的不一定都是好的。
   问：关于这种药，下列哪项正确？

10. 男：经常这么晚睡觉，你的身体会吃不消的。
    女：我也没办法，工作太多了。
    问：根据对话，"吃不消"是什么意思？

11. 女：多带些吃的吧，留着路上吃。
    男：用不着，我坐特快列车，很快就到了。
    问：关于男的，下列哪项不正确？

12. 男：你的头发太长了，看起来一点儿也不精神。
    女：等晚上下班了我去弄弄。
    问：女的晚上要去哪儿？

13. 女：我的小表弟特别不听话，不让他干什么，他偏干什么，烦死我了。
    男：好在过几天他就走了，你再忍忍吧。
    问：女的觉得小表弟怎么样？

14. 男：金鱼怎么死了？早上我刚喂过呀。
    女：一定是水里的氧气太少了，该换水了。
    问：金鱼为什么会死？

15. 女：这套房子不错，很宽敞，光线好，楼层也合适。
    男：什么都好，就是太贵了。
    问：女的认为房子怎么样？

16. 男：今天下午两点多地震了，我办公室的灯一直在晃。
    女：那时我正在路上开车呢，没感觉到。

问：根据对话，下列哪项正确？

17. 女：我出地铁站了，你是在银行门口吗？
    男：不。地铁站的东边有个邮局，邮局对面是个饭馆，我在那里等你。
    问：他们会在哪儿见面？

18. 男：我给你介绍的那个人怎么样？
    女：我们已经交往十几天了，彼此印象都很不错。
    问：关于女的，可以知道什么？

19. 女：我在这个单位工作三十多年了，现在要离开了，还真有些舍不得。
    男：您退休后也可以经常来单位转转啊。
    问：关于女的，下列哪项正确？

20. 男：小李总是那么稳重。
    女：是啊。他的心理年龄更像42岁，而不是24岁。
    问：女的是什么意思？

第二部分

第21到45题，请选出正确答案。现在开始第21题：

21. 女：您是李老师吗？您的包裹到了。
    男：我不是李老师，我姓张。李老师现在不在，他让王老师替他领。
    女：王老师在哪儿？
    男：她在隔壁的办公室。
    问：谁会去领包裹？

22. 男：听说你要给你家孩子换学校？
    女：是呀，这所学校风气不好，孩子迟早得学坏。
    男：不至于吧。学校里也有不少好学生啊。
    女：但是坏学生更多。
    问：女的为什么要给孩子换学校？

23. 女：你知道吗，小云和她男朋友分手了？
    男：小云的父母不是挺支持他们交往的吗？而且她男朋友条件不错，脾气又好。
    女：谁说不是呢？我听说，是因为小云喜欢上别人了。
    男：是这样啊。

问：小云为什么和男朋友分手？

24. 男：地板怎么这么脏啊？

    女：不可能啊，我刚才明明擦干净了。

    男：我一进门就换拖鞋了。

    女：我知道了，准是小狗干的，它可从来不换鞋。

    问：谁弄脏了地板？

25. 女：听说你去旅游刚回来？

    男：是的，我上周去云南了。对了，这是我给你的礼物。

    女：你还给我带礼物了呀！真没想到，太感谢了！

    男：咱们是好邻居嘛。

    问：女的是什么语气？

26. 男：请问二位吃好了吗？我们要下班了。

    女：现在刚九点五十分，你们这里不是十一点才关门吗？

    男：对。平时都是十一点关门，只有周三和周四除外，十点关门。

    女：哦，知道了。

    问：饭店周一几点关门？

27. 女：你炒菜怎么不打开油烟机？你看到处都是烟。

    男：油烟机坏了。快把那个盘子递给我。

    女：给你。

    男：好了，可以吃饭了。

    问：他们现在在哪儿？

28. 男：上周你去玉泉村了？

    女：是的。我先坐公交车，然后又坐了两个小时长途汽车。

    男：这么远啊。

    女：我还没说完呢，我到县城后，村长开着拖拉机来接我，又走了一个多小时才到。

    问：女的一共乘坐了几种交通工具？

29. 女：你找到工作了吗？

    男：像我这样既没有学历又没有经验的人，哪那么容易找到工作啊？

    女：你可以去应聘建筑工人，只要你能吃苦就行。

男：算了吧，我最怕累。
问：关于男的，可以知道什么？

30. 男：昨晚的比赛哪个队赢了？
    女：红队实力很强，但可惜他们太轻视蓝队了。
    男：这么说，红队又犯了和上次一样的错误？
    女：是啊。
    问：根据对话，下列哪项正确？

第31到32题是根据下面一段对话：

女：喂，您好，是哪位？
男：是我，我到家了，你放心吧。
女：你怎么现在才到家？
男：我家附近最近在修路，所以车开不快。
女：哦，是这样啊。只要平安到家就好。
男：谢谢你今天的热情招待，你的生日聚会很棒，我们大家玩儿得都非常开心。再次祝你生日快乐！
女：不客气，你们今晚能来我也很高兴。你早点儿休息吧，欢迎以后有机会再来我家玩儿。
男：好的，晚安。

31. 男的为什么很晚才到家？
32. 男的在哪儿给女的庆祝的生日？

第33到34题是根据下面一段对话：

男：您好，请问去展览馆是坐1路车吗？
女：不是。1路车到海洋公园，11路车才到展览馆。
男：从这儿到展览馆要多长时间？
女：大概半个多小时吧，有八九站。你看，那个是11路车的站牌。
男：哦，从人民医院到展览馆一共……一共八站。好，谢谢您。
女：哎，别忘了，到马路对面坐车，在这边坐越走越远了。

33. 男的应该怎么坐车？
34. 男的现在在哪一站？

第35到36题是根据下面一段话：

女儿放学回来买了个萝卜，她对妈妈说："咱们晚上吃萝卜吧。"妈妈问："哪儿来的萝卜？"女儿说："我用零花钱在校门口买的。"妈妈很奇怪："学校门口还有卖萝卜的？"女儿回答："是呀，一到学校公布成绩的日子就有卖的。听说吃了萝卜可以使人心情变好，所以妈妈，咱们吃完萝卜我再告诉您我的考试成绩吧。"

35. 什么时候学校门口卖萝卜？
36. 关于女儿的成绩，下列哪项正确？

第37到38题是根据下面一段话：

传统认为，早上锻炼效果最好。因此，在公园里，每天早上都能看到很多锻炼身体的人。但科学研究表明，傍晚锻炼对人体最有益。因为这个时候，人的体力和适应能力都达到了最佳状态，最适合参加各种体育锻炼。而在早晨，人们刚从睡眠状态醒来，血压、心跳等还不是很稳定，所以这时锻炼对健康不利。

37. 科学研究表明，什么时候锻炼最好？
38. 关于早上锻炼，下列哪项正确？

第39到42题是根据下面一段话：

有些动物有冬眠的习惯，比如：蛇、熊，等等。秋天的时候，它们都要吃很多东西，把自己吃得胖胖的。一到冬天，它们就会呼呼大睡，不吃不喝，一直到第二年春天才醒。在漫长的冬季，食物往往不像平时那么容易找，所以冬眠是动物为了减少体力消耗，对自然界不良环境的一种适应。动物的冬眠和一般的睡眠不一样，冬眠时，动物身体的新陈代谢会变慢，所以即使很长时间不吃东西，它们也不会饿死。这就是为什么冬眠的动物可以整个冬天不吃东西的原因。那么，动物只有冬天才会冬眠吗？有人做过验，即使在天气最热的夏天把一条蛇放进冰箱里，它也会冬眠。可见，冬眠与季节没有关系，而和温度有密切的关系。

39. 动物为什么会冬眠？
40. 动物冬眠有什么特征？
41. 动物冬眠与什么有关系？
42. 这段话主要讲了什么？

第 43 到 45 题是根据下面一段话：

有一天，一群小朋友在路边玩儿，突然看到一棵高大的桃树，上面长满了红红的桃子，看起来非常好吃。小朋友们纷纷爬上树去摘桃子，只有一个男孩儿待在原地不动。这时，有个老爷爷走过来，问男孩儿为什么不跟别的小朋友一起摘桃子吃。小男孩儿说："这条路上每天人来人往非常热闹，桃树就长在路边，却还有这么多桃子，这说明桃子一定不好吃，否则早就被路人摘完了。"后来，小朋友们摘下桃子一尝，果然又苦又涩。

43. 桃树上的桃子怎么样？
44. 男孩儿为什么不摘桃子？
45. 关于男孩儿，可以知道什么？

听力考试现在结束。

听力专项训练(九)参考答案

听 力

第一部分

1. B	2. D	3. D	4. A	5. C
6. C	7. C	8. D	9. B	10. C
11. D	12. C	13. D	14. C	15. A
16. D	17. C	18. B	19. A	20. B

第二部分

21. D	22. C	23. D	24. C	25. A
26. B	27. C	28. B	29. C	30. B
31. D	32. D	33. D	34. C	35. C
36. A	37. C	38. B	39. D	40. C
41. A	42. D	43. A	44. D	45. B

听力专项训练(九)答案详解

第一部分

1. 男的说:"我梦见自己从山上掉下来,头破了,腿也折了,吓死我了。"可知"从山上掉下来"、"头破了"、"腿摔断了"都是男的做的恶梦,不是真的。所以 A、C、D 三项都不正确,而 B 项是正确答案。

2. 女的说:"妈妈说未成年人不能喝酒。"可知女的还没成年,什么酒都不能喝。所以 D 项是正确答案。

3. 女的问:"买到卧铺了吗?"男的说:"春节前的火车票特别紧张,能买到票就不错了。"可知票很难买,男的虽然买到了票,但是没买到卧铺票。所以 D 项是正确答案。

4. 男的问:"你怎么起得这么早?"女的说:"现在是上班高峰……"可知现在是早上。所以 A 项是正确答案。

5. 男的说:"我爸爸喜欢看球赛,妈妈喜欢跳舞,姐姐喜欢拉小提琴,但哥哥没什么爱好。"可知 A、B、D 三项都不正确,而 C 项是正确答案。

6. 女的说:"这周的任务完成了,下周的也差不多了……好累呀!"可知女的这周的任务完成了,下周的任务还没有完成,而且她现在觉得很累。所以 A、B、D 三项都不正确,而 C 项是正确答案。

7. 女的说:"你打算什么时候动身?"男的说:"明天吧,我决定坐飞机去。"可知男的是要出发去某个地方,时间是明天,因此可以判断"动身"是启程、出发的意思。所以 C 项是正确答案。

8. 男的说:"你的汉语说得真地道!""地道"的意思是技能、工作或材料的质量够标准。可知男的是在夸奖女的汉语说得好。所以 D 项是正确答案。

9. 男的说:"我的头还是疼,看来贵的不一定都是好的。"可知这种药很贵,但是并没有效果。所以 A、C 两项不正确,而 B 项是正确答案。

10. 男的说:"经常这么晚睡觉,你的身体会吃不消的。"可知男的认为经常晚睡觉,会影响身体,"吃不消"即支持不住、受不了。所以 C 项是正确答案。

11. 女的说:"多带些吃的吧,留着路上吃。"可知男的要出门,所以 A 项内容正确。男的说:"用不着,我坐特快列车,很快就到了。"可知男的不想带很多吃的,因为他坐的是特快列车,即速度很快的火车,因此坐车时间很短,不用带吃的。所以 B、C 两项内容正确。所以 D 项是正确答案。

12. 男的说:"你的头发太长了……"女的说:"等晚上下班了我去弄弄。"可知女的晚上下班以后要去弄头发,可能去理发店。所以 C 项是正确答案。

13. 女的说:"我的小表弟特别不听话,不让他干什么,他偏干什么,烦死我了。"可知女觉得她的小表弟不听话、很烦人。所以 D 项是正确答案。

14. 男的说:"早上我刚喂过呀。"可知男的喂过了金鱼,金鱼不是饿死的,所以 A 项不正确。女的说:"一定是水里的氧气太少了,该换水了。"可知金鱼死了是因为没换水,所以 C 项是正确答案。

15. 女的说:"这套房子不错,很宽敞,光线好,楼层也合适。"可知女的认为这套房子面积大、光线好、楼层好,所以 C、D 两项不正确,而 A 项是正确答案。男的说:"就是太贵了。"可知是男的认为房子"价格高",女的并没有提到,所以 B 项也不正确。

16. 男的说:"今天下午两点多地震了,我办公室的灯一直在晃。"可知是今天地震了,男的感觉到了,所以 A、C 两项都不正确。女的说:"那时我正在路上开车呢,没感觉到。"可知女的当时在车上,她没有感觉到地震,地震应该不是很厉害,所以 B 项也不正确,而 D 项是正确答案。

17. 男的说:"邮局对面是个饭馆,我在那里等你。"可知男的和女的会在饭馆见面。所以 C 项是正确答案。

18. 女的说:"我们已经交往了十几天了……""交往"即"来往",这里有谈恋爱的意思,可知女的现在正在谈恋爱。所以 B 项是正确答案。

19. 女的说:"我在这个单位工作三十多年了,现在要离开了……"男的说:"您退休后也可以经常来单位转转啊。"可知女的要退休了。所以 A 项是正确答案。

20. 男的说:"小李总是那么稳重。"女的说:"是啊。"可知女的赞同男的的观点,也认为小李很稳重。女的又说:"他的心理年龄更像 42 岁,而不是 24 岁。"可知女的认为小李的心理年龄超过了实际年龄,也是说小李成熟、稳重。所以 B 项是正确答案。

第二部分

21. 男的说："李老师现在不在，他让王老师替他领。"可知王老师会去领包裹。所以 D 项是正确答案。

22. 女的说："这所学校风气不好，孩子迟早得学坏。"可知女的打算给孩子换学校，是因为担心孩子学坏。所以 C 项是正确答案。

23. 男的说："小云的父母不是挺支持他们交往的吗？而且她男朋友条件不错，脾气又好。"可知 A、B、C 三项都不是小云和她男朋友分手的原因。女的说："我听说，是因为小云喜欢上别人了。"可知小云和男朋友分手，是因为小云喜欢上了别人。所以 D 项是正确答案。

24. 男的说："我一进门就换拖鞋了。"可知地板不是男的弄脏的，所以 B 项不正确。女的说："准是小狗干的，它可从来不换鞋。"可知是小狗弄脏了地板，所以 C 项是正确答案。

25. 女的说："你还给我带礼物了呀！真没想到，太感谢了！"可知女的没有想到男的会给她带礼物，很惊讶，而且很高兴。所以 A 项是正确答案。

26. 男的说："平时都是十一点关门，只有周三和周四除外，十点关门。"可知饭店周三、周四是十点关门，其他时间都是十一点关门，周一也应该是十一点关门。所以 B 项是正确答案。

27. 女的说："你炒菜怎么不打开油烟机？"男的说："油烟机坏了。快把那个盘子递给我。"由"炒菜"、"油烟机"、"盘子"等词语可知，男的现在正在炒菜，他们应该在厨房里。所以 C 项是正确答案。

28. 女的说："我先坐公交车，然后又坐了两个小时长途汽车。"又说："村长开着拖拉机来接我……"可知女的乘坐的交通工具有"公交车"、"长途汽车"、"拖拉机"，共三种。所以 B 项是正确答案。

29. 男的说："像我这样既没有学历又没有经验的人，哪儿那么容易找到工作啊？"可知男的还没有找到工作，而且没有学历、没有工作经验，所以 A、B、D 三项都不正确。男的又说："我最怕累。"可知男的怕吃苦，所以 C 项是正确答案。

30. 女的说："红队实力很强，但可惜他们太轻视蓝队了。"可知红队实力很强，但是因为轻视蓝队，所以输了。所以 A、C、D 三项都不正确，而 B 项是正确答案。

31. 男的说："我家附近最近在修路，所以车开不快。"可知男的到家很晚，是因为家附近在修路。所以 D 项是正确答案。

32. 男的说："谢谢你今天的热情招待，你的生日聚会很棒……"女的说："欢迎以后有机会再来我家玩儿。"可知女的是在自己家里庆祝的生日。所以 D 项是正确答案。

33. 女的说"11 路车才到展览馆"，又说"到马路对面坐车"，可知男的需要到马路对面坐 11 路车。所以 D 项是正确答案。

34. 男的说："请问去展览馆是坐 1 路车吗？"可知男的要坐到展览馆这一站，B 项不正确。又说："从人民医院到展览馆一共……"可知男的现在正在人民医院这一站。所以 C 项是正确答案。

35. 从录音中听到，女儿说："一到学校公布成绩的日子就有卖的。"可知公布成绩的时候学校门口卖萝卜。所以 C 项是正确答案。

36. 从录音中听到，女儿说："听说吃了萝卜可以使人心情变好，所以妈妈，咱们吃完萝卜我再告诉您我的考试成绩吧。"可知女儿给妈妈买了个萝卜，并想等妈妈吃完以后再告诉她考试成绩，是希望妈妈吃完萝卜心情好一些，由此可以推测女儿的考试成绩不太好，她担心妈妈批评自己。所以 A 项是正确答案。

37. 从录音中听到："但科学研究表明，傍晚锻炼对人体最有益。"所以 C 项是正确答案。

38. 从录音中听到："而在早晨，人们刚从睡眠状态醒来，血压、心跳等还不是很稳定，所以这时锻炼对健康不利。"可知早晨锻炼对健康不利。所以 B 项是正确答案。

39. 从录音中听到："冬眠是动物为了减少体力消耗，对自然界不良环境的一种适应。"可知动物冬眠是为了减少体力消耗。所以 D 项是正确答案。

40. 从录音中听到："冬眠时，动物身体的新陈代谢会变慢……"所以 C 项是正确答案。

41. 从录音最后听到："可见，冬眠与季节没有关系，而和温度有密切的关系。"所以 B 项不正确，而 A 项是正确答案。

42. 从录音中听到："冬眠是动物为了减少体力消耗，对自然界不良环境的一种适应。动物的冬眠和一般的睡眠不一样……冬眠与季节没有关系,而和温度有密切的关系。"可知这段话主要讲的是动物冬眠的特点和冬眠的原因。所以 D 项是正确答案。

43. 从录音最后听到:"小朋友们摘下桃子一尝,果然又苦又涩。"可知桃子非常苦。所以 A 项是正确答案。

44. 从录音中听到,男孩儿说:"桃树就长在路边,却还有这么多桃子,这说明桃子一定不好吃,否则早就被路人摘完了。"可知男孩儿推断这棵树上的桃子不好吃。所以 D 项是正确答案。

45. 由录音可知,男孩儿根据自己的观察推断树上的桃子不好吃,事实证明桃子果然不好吃,说明他是个聪明的孩子。所以 B 项是正确答案。

新汉语水平考试
HSK（五级）
听力专项训练
（十）

听 力

第一部分

第1-20题：请选出正确答案。

1. A 吃饭
   B 考试
   C 复习
   D 打球

2. A 姐姐家
   B 衣柜里
   C 卧室里
   D 客厅里

3. A 土太干燥
   B 水浇多了
   C 水浇得不够
   D 没有足够的阳光

4. A 经济
   B 数学
   C 法律
   D 经济和法律

5. A 老师
   B 经理
   C 学生
   D 公务员

6. A 提问
   B 请假
   C 看病
   D 上课

7. A 小李是电脑专家
   B 小李不会修电脑
   C 男的是电脑专家
   D 女的自己会修电脑

8. A 要去超市
   B 想买面包
   C 要去学校
   D 想买日用品

9. A 环境太吵
   B 男的说的是外语
   C 女的耳朵有问题
   D 男的说得不清楚

10. A 语法
    B 词汇
    C 汉字
    D 发音

11. A 机场
    B 邮局
    C 码头
    D 车站

12. A 昨天淋雨了
    B 衣服穿少了
    C 忘记吃药了
    D 被别人传染了

13. A 男的去了银行
    B 电扇是二手的
    C 男的去了市场
    D 男的出去的时间不长

14. A 羡慕
    B 嫉妒
    C 自信
    D 兴奋

15. A 女的听懂了
    B 男的听懂了
    C 两个人都没听懂
    D 老师说的是外语

16. A 结论
    B 材料
    C 方法
    D 数据

17. A 聚会没意思
    B 男的生病了
    C 爸爸不在家
    D 要照顾妈妈

18. A 女的是研究生
    B 女的今天有空儿
    C 男的在准备考试
    D 女的没去送东西

19. A 作家
    B 导演
    C 演员
    D 歌手

20. A 下个月回国
    B 要提前回国
    C 不打算回国
    D 没有确定回国时间

第二部分

第21-45题：请选出正确答案。

21. A 肚子受凉
    B 天气太热
    C 喝酒太多
    D 吃得太多

22. A 很漂亮
    B 样子不时髦
    C 颜色很好看
    D 戴着很合适

23. A 男的现在租房
    B 男的想买房子
    C 北城区没有地铁
    D 北城区离男的公司很近

24. A 男的
    B 女的
    C 小张
    D 小李

25. A 报告在会议室
    B 学生人数很少
    C 礼堂地方太小
    D 会议室座位不够

26. A 悲伤
    B 气愤
    C 无奈
    D 震惊

27. A 对方资金缺乏
    B 对方还在讨论
    C 对方没有宣传
    D 对方合同有问题

28. A 买票
    B 送人
    C 接人
    D 坐火车

29. A 女的不吃味精
    B 男的是服务员
    C 他们在快餐店
    D 男的是故意的

30. A 女的想读书
    B 女的没找到工作
    C 女的已经毕业了
    D 女的找了好几年工作

31. A 担心迟到
    B 车太少了
    C 喜欢挤车
    D 这趟车速度快

32. A 坐这趟车
    B 坐下趟车
    C 自己开车
    D 乘坐地铁

33. A 题太难
    B 不用功
    C 太紧张
    D 生病了

34. A 报考大学
    B 马上工作
    C 退学回家
    D 再考一次

35. A 找不到房子
    B 舍不得租房
    C 工作太忙了
    D 两人常打架

36. A 非常失望
    B 特别喜欢
    C 可以接受
    D 接受不了

37. A 教育中心区
    B 工业中心区
    C 商业中心区
    D 通信中心区

38. A 干净卫生
    B 价格较贵
    C 舒适方便
    D 位置很好

39. A 课间休息
    B 改正错误
    C 停止工作
    D 继续学习

40. A 国家政治中
    B 日常生活中
    C 学校教学中
    D 足球比赛中

41. A 北京人
    B 四川人
    C 广东人
    D 天津人

42. A 语音
    B 语义
    C 语法
    D 语气

43. A 30岁
    B 70岁
    C 90岁
    D 130岁

44. A 自然灾害
    B 食物不足
    C 疾病和外伤
    D 医疗条件较差

45. A 多休息
    B 多做运动
    C 多动脑筋
    D 保护心脏

听力专项训练(十)听力材料

(音乐,30秒,渐弱)

大家好!欢迎参加 HSK(五级)考试。
大家好!欢迎参加 HSK(五级)考试。
大家好!欢迎参加 HSK(五级)考试。

HSK(五级)听力考试分两部分,共 45 题。
请大家注意,听力考试现在开始。

第一部分

第 1 到 20 题,请选出正确答案。现在开始第 1 题:

1. 女:晚上有什么安排吗?一起去吃饭吧。
   男:算了吧,明天有考试,我还有好多书没看呢。
   问:男的晚上要做什么?

2. 男:我的大衣哪儿去了?我记得昨晚我放在卧室的衣柜里了。
   女:是姐姐送你的那件吗?在客厅的沙发上呢。
   问:大衣在哪儿?

3. 女:这种花儿我怎么总是养不活呢?
   男:你浇水浇得太多了,这种花儿喜欢干燥,不喜欢潮湿。
   问:花儿为什么死了?

4. 男:你打算学经济还是学法律?
   女:这两个专业我都不感兴趣,我更喜欢数学。当然,这个专业比较难。
   问:女的想学什么专业?

5. 女:你的论文里有一些问题,下午五点你到我办公室来,我们一起讨论一下。
   男:好的。
   问:女的最可能是做什么的?

6. 男:老师,我感冒了,医生让我三点去打针,所以下午的课我上不了了。
   女:没关系,你赶紧去吧。

问：男的在做什么？

7. 女：我的电脑坏了，你能帮我修一下吗？
   男：我可不是电脑专家，你还是去找小李吧。
   问：根据对话，下列哪项正确？

8. 男：我想去超市买些日用品，你跟我一起去吗？
   女：我不去了。你能帮我买一个面包回来吗？
   问：关于女的，可以知道什么？

9. 女：你可以大声一点儿吗？这里太吵了，我听不清。
   男：好的，没问题。
   问：女的为什么听不清？

10. 男：汉语语法太难了，我怎么也学不好。
    女：对我来说，语法和词汇都不难，汉字才让我头疼。
    问：女的觉得什么最难学？

11. 女：这个包裹寄到北京要多长时间？
    男：普通邮寄十天，特快专递三天就到了。
    问：他们最可能在哪儿？

12. 男：你的脸色怎么这么难看？
    女：昨天下雨我没带伞，衣服都湿了，可能是感冒了。
    问：女的为什么感冒了？

13. 女：你去哪儿了？怎么这么长时间才回来。
    男：我从银行出来，又去旧货市场买了台电扇。
    问：根据对话，下列哪项不正确？

14. 男：这次我终于通过汉语五级考试了！
    女：是吗？恭喜恭喜！
    问：男的是什么心情？

15. 女：今天上午的课我一点儿也没听懂，你听懂了吗？
    男：我感觉老师像在说外语。
    问：根据对话，下列哪项正确？

16. 男：这个实验的数据有问题，你觉得呢？

女：不光数据，我觉得实验方法也需要改进，结论也不准确。
问：实验哪方面没有问题？

17. 女：昨天我的生日聚会可热闹了，你怎么没来呢？
    男：我妈妈生病了，爸爸出差不在家，所以我得在家照顾她。
    问：男的为什么没参加女的的生日聚会？

18. 男：我让你给李老师的东西，你送到了吗？
    女：我今天一直都在准备研究生入学考试的事，哪有时间啊？
    问：根据对话，下列哪项正确？

19. 女：你今天演得真好，我都被你演的角色感动了。
    男：是吗？谢谢你来看我的演出。
    问：男的是做什么的？

20. 男：听说你下个月要回国了？
    女：我本来是打算下个月回去的，可是最近家里有急事，所以我得提前走了。
    问：关于女的，下列哪项正确？

第二部分

第21到45题，请选出正确答案。现在开始第21题：

21. 女：你怎么了？
    男：我肚子疼。
    女：你看你，准是中午大吃大喝的原因，以后要多注意了。
    男：知道了。
    问：男的为什么肚子疼？

22. 男：这种帽子挺好看的，买一个吧。
    女：我不太喜欢这种颜色，而且样子也有点儿过时了。
    男：你戴上试试，说不定很适合你呢。
    女：算了吧，我真的不喜欢。
    问：女的认为帽子怎么样？

23. 女：我最近在北城区看上一套房子，价格比较便宜。你要不要也考虑一下？
    男：那里离我的公司太远了。
    女：可是北城区有不少地铁和公交线路，很方便的。

男：我觉得现在租房住挺好的，为什么要买房呢？

问：根据对话，下列哪项正确？

24. 男：小张让我问你一下，他可以借你的自行车吗？

　　女：可是我已经答应借给小李了。

　　男：小张有急事，你先借他用用，一会儿就还你。

　　女：那好吧。

　　问：自行车借给了谁？

25. 女：下午的报告改到礼堂了，你知道吗？

　　男：是吗？为什么？

　　女：听报告的学生有三百多人，会议室坐不下。

　　男：哦，是这样啊。

　　问：根据对话，下列哪项正确？

26. 男：听说你跟男朋友分手了？

　　女：是的，直到现在，我的心里还很不是滋味。

　　男：事情过去就别再想了。

　　女：可这件事对我打击太大了，我的心都碎了。

　　问：女的现在感觉怎么样？

27. 女：跟希望公司的合同签好了吗？

　　男：还没有，希望公司那边还在讨论，大概明天会有结果。

　　女：咱们这边的资金、宣传等事情都安排好了吗？

　　男：没问题了。

　　问：合同为什么没签好？

28. 男：您好，请问从广州开来的T35次列车停在哪个站台？

　　女：一站台。

　　男：这是我的站台票，我要接个人。

　　女：好的，请进。

　　问：男的要做什么？

29. 女：这个菜里你是不是放味精了？

　　男：是啊，怎么了？

　　女：我不是说过吗？我不吃放味精的菜。

男：家里事多，我一忙起来就忘了。
问：根据对话，下列哪项正确？

30. 男：快毕业了，你的工作找到了吗？
    女：别提了，现在找工作一年比一年难。
    男：实在找不到工作就继续读书吧。
    女：可是我不想再读了。
    问：根据对话，下列哪项正确？

第31到32题是根据下面一段对话：

女：快点儿，车来了！
男：这趟车人太多了，恐怕挤不上去。
女：不管多挤我都得上去，不然今天准迟到。
男：你要是早起半个小时，哪用这么着急。
女：好了，我要上车了，你呢？
男：算了吧，这趟太挤，我等下一趟吧。

31. 女的为什么一定要上这趟车？
32. 男的决定怎么做？

第33到34题是根据下面一段对话：

男：高考成绩出来了，你儿子考得怎么样？
女：我儿子今年没考好，比重点大学分数线少十几分呢。
男：你儿子平时成绩挺好的，怎么这次考得这么差呢？
女：可能是他太紧张了。
男：那你准备让他报哪个大学呢？
女：我想让他复读一年，明年再考一次。

33. 女的的儿子为什么没考好？
34. 女的想让她的儿子怎么样？

第35到36题是根据下面一段话：

26岁的徐小姐大学毕业后不久就和男朋友结婚了。由于小两口都是外地人，需要攒钱买房，所以两人舍不得花钱租房，分别住在各自的宿舍里。徐小姐告诉我们，她和老公平时各忙各的，有时间就一起吃吃饭、逛逛街，然后各回各"家"，就和谈恋爱时一样。记者在采访中发现，像徐小姐这样的"已婚单身族"，在大城市中是很常见的，而对于这种聚少离多的生活，他们表示也可以接受。

35. 徐小姐和她的老公为什么不住在一起？
36. "已婚单身族"对他们现在的生活状态是什么态度？

第 37 到 38 题是根据下面一段话：

我们的酒店地处商业中心区，邻近津湾广场、火车站、劝业场、中心公园等黄金地段，具有优越的地理位置。酒店拥有标准双人间、商务大床间等多种房型，提供 24 小时热水淋浴、空调、电视、电话和免费宽带，方便舒适，干净卫生，价格公道。酒店周边餐饮、娱乐场所众多，交通便利，是旅游、商务、度假人士的理想住所。

37. 酒店在什么位置？
38. 下列哪项不是酒店的特点？

第 39 到 42 题是根据下面一段话：

"下课"本来是学校的教学用语，是指上课时间结束，学生可以休息，与"上课"相对。可是近十几年来，随着报纸、电视、网络等媒体的传播和推动，"下课"的一个新含义逐渐流行起来。1993 年，中国足球队在四川成都比赛，结果输得非常惨。于是，愤怒的球迷们大声高呼"下课"，要求中国足球队总教练辞职。就这样，四川球迷所创造的"下课"一词，在全国范围内流行起来。后来，"下课"一词走向社会生活，成为当今中国各个领域里使用最多的词语之一，比如在政治领域中，人们可以要求某位领导"下课"，等等。

对于"下课"的来历，还有人认为是由于方言和普通话的语音不同造成的。由于"去"这个字在南方方言中的读音是"课"，所以如果要求某位球员"下去"，南方人就会说成"下课"。

39. "下课"的新含义是什么？
40. "下课"的新含义最早从哪里来？
41. "下课"的新含义是由谁创造的？
42. "下课"的新含义还可能是由什么造成的？

第43到45题是根据下面一段话：

随着经济和医疗条件的发展，人类的寿命变得越来越长。远古时期，人类的寿命最长只有30岁，现在人类的平均寿命大概有70岁。而一些科学家经过研究认为，现代人类的自然寿命应该是112到140岁，可见人类虽然寿命变得越来越长，但还是远远低于自然寿命。那么，是什么影响了人类的寿命呢？科学家指出，疾病、外伤、意外事件等都可能使人过早死亡。所以，人类要想活到自然寿命，预防疾病是关键。专家提醒人们，应该从儿童和青年时期就注意营养，增加运动量，防止各类疾病的发生。

43. 现代人类的自然寿命可能是多少？
44. 目前，影响人类寿命的因素是什么？
45. 根据这段话，少年儿童要注意什么？

听力考试现在结束。

听力专项训练(十)参考答案

听 力

第一部分

1. C	2. D	3. B	4. B	5. A
6. B	7. A	8. B	9. A	10. C
11. B	12. A	13. D	14. D	15. C
16. B	17. D	18. D	19. C	20. B

第二部分

21. D	22. B	23. A	24. C	25. D
26. A	27. B	28. C	29. A	30. B
31. A	32. B	33. C	34. D	35. B
36. C	37. C	38. B	39. C	40. D
41. B	42. A	43. D	44. C	45. B

听力专项训练(十)答案详解

第一部分

1. 男的说:"明天有考试,我还有好多书没看呢。"可知男的今天晚上要看书复习,准备明天的考试。所以 C 项是正确答案。

2. 女的说:"在客厅的沙发上呢。"所以 D 项是正确答案。

3. 男的说:"你浇水浇得太多了,这种花儿喜欢干燥,不喜欢潮湿。"可知花儿死了是因为水浇多了。所以 B 项是正确答案。

4. 男的问:"你打算学经济还是学法律?"女的说:"这两个专业我都不感兴趣,我更喜欢数学。"可知女的经济和法律都不想学,而是想学数学。所以 A、C、D 三项都不正确,而 B 项是正确答案。

5. 女的说:"你的论文里有一些问题……"由"论文"一词推断,女的最可能是老师。所以 A 项是正确答案。

6. 男的说:"老师,我感冒了,医生让我三点去打针,所以下午的课我上不了了。"可知男的下午要去打针,上不了课了,现在正在跟老师请假。所以 B 项是正确答案。

7. 女的说:"我的电脑坏了,你能帮我修一下吗?"可知女的电脑坏了,但她自己不会修,所以 D 项不正确。男的说:"我可不是电脑专家,你还是去找小李吧。"可知男的不是电脑专家,他也不会修;而小李是电脑专家,小李会修。所以 B、C 两项都不正确,而 A 项是正确答案。

8. 男的说:"我想去超市买些日用品,你跟我一起去吗?"可知是男的想去超市买日用品,所以 D 项不正确。女的说:"我不去了。你能帮我买一个面包回来吗?"可知女的不去超市,但是想买一个面包。所以 A 项不正确,而 B 项是正确答案。

9. 女的说:"这里太吵了,我听不清。"可知女的听不清是因为环境太吵了。所以 A 项是正确答案。

10. 女的说:"对我来说,语法和词汇都不难,汉字才让我头疼。""头疼"的意思是为难或讨厌,可知女的觉得语法和词汇都不难学,而汉字最难学。所以 A、B

— 195 —

两项都不正确，而 C 项是正确答案。

11. 女的问："这个包裹寄到北京要多长时间？"可知女的正在寄包裹，他们最可能在邮局。所以 B 项是正确答案。

12. 女的说："昨天下雨我没带伞，衣服都湿了，可能是感冒了。"可知女的感冒了，是因为昨天淋雨了。所以 A 项是正确答案。

13. 女的问："你去哪儿了？怎么这么长时间才回来。"可知男的出去了很长时间，所以 D 项内容不正确。男的说："我从银行出来，又去旧货市场买了台电扇。"可知男的先去了银行，又去了旧货市场，所以 A、C 两项内容都正确。而电扇是在旧货市场买的，应该是二手的，所以 B 项内容也正确。所以 D 项是正确答案。

14. 男的说："这次我终于通过汉语五级考试了！"由"终于"这个词可知，男的参加了很多次考试才最后通过，心情很兴奋、很激动。所以 D 项是正确答案。

15. 女的说："今天上午的课我一点儿也没听懂……"可知上午的课女的没听懂，所以 A 项不正确。男的说："我感觉老师像在说外语。"意思是老师说的话对男的来说像外语一样，并不是说老师说的真是外语，可知男的也没有听懂。所以 B、D 两项都不正确，而 C 项是正确答案。

16. 男的说："这个实验的数据有问题……"女的说："……实验方法也需要改进，结论也不准确。"可知实验的数据、方法、结论三个方面都有问题。所以 A、C、D 三项都不正确，而 B 项是正确答案。

17. 男的说："我妈妈生病了……所以我得在家照顾她。"可知男的没参加女的的生日聚会，是因为他的妈妈生病了，要照顾妈妈。所以 D 项是正确答案。

18. 女的说："我今天一直都在准备研究生入学考试的事……"可知是女的在准备考试，不是男的，所以 C 项不正确；既然女的还在准备研究生入学考试，可知她还不是研究生，所以 A 项也不正确。女的又说："哪有时间啊？"这是一个反问句，意思是没有时间，也就是没空儿去送东西。所以 B 项不正确，而 D 项是正确答案。

19. 女的说："你今天演得真好，我都被你演的角色感动了。"男的说："谢谢你来看我的演出。"由"演"、"角色"、"演出"等词语可知，男的是演员。所以 C 项是正确答案。

20. 女的说:"我本来是打算下个月回去的,可是最近家里有急事,所以我得提前走了。"可知女的本来打算下个月回国,但是现在要提前回国了。所以A、C、D三项都不正确,而B项是正确答案。

第二部分

21. 女的说:"准是中午大吃大喝的原因……""大吃大喝"多指没有计划、没有节制的吃和喝,可知男的肚子疼,是因为中午吃得太多了。所以D项是正确答案。

22. 女的说:"我不太喜欢这种颜色,而且样子也有点儿过时了。"可知女的认为帽子颜色不好看,而且样子不时髦。所以C项不正确,而B项是正确答案。

23. 男的说:"那里(北城区)离我的公司太远了。"可知北城区离男的的公司很远,所以D项不正确。女的说:"可是北城区有不少地铁和公交线路,很方便的。"可知北城区有地铁,所以C项也不正确。男的说:"我觉得现在租房住挺好的,为什么要买房呢?"可知男的现在是租房住,而且并没有想买房子,所以B项不正确,而A项是正确答案。

24. 男的说:"小张有急事,你先借他用用,一会儿就还你。"女的说:"那好吧。"可知女的会把自行车借给小张。所以C项是正确答案。

25. 女的说:"下午的报告改到礼堂了……"又说:"听报告的学生有三百多人,会议室坐不下。"可知报告地点由会议室改到礼堂了,原因是听报告的学生很多,会议室座位不够,而礼堂地方大、坐得下。所以A、B、C三项都不正确,而D项是正确答案。

26. 女的说:"我的心里还很不是滋味。""不是滋味"是说心里很难过。女的又说:"可这件事对我打击太大了,我的心都碎了。""心碎了"也是说心里难过。所以A项是正确答案。

27. 男的说:"还没有,希望公司那边还在讨论……"可知合同还没有签好,是因为对方还在讨论。所以B项是正确答案。

28. 男的说:"这是我的站台票,我要接个人。"可知男的是来火车站接人的。所以C项是正确答案。

29. 女的说:"我不是说过吗?我不吃放味精的菜。"可知女的不吃味精,所以A项是正确答案。男的说："家里事多，我一忙起来就忘了。"可知他们现在是在家里吃饭，并不是在餐厅里，男的也不是服务员，所以 B、C 两项都不正确；而且男的是因为太忙了，忘了女的不吃味精的事情，他不是故意的，所以 D 项也不正确。

30. 男的问："快毕业了，你的工作找到了吗？"可知女的还没毕业，所以 C 项不正确。女的说："别提了，现在找工作一年比一年难。"可知女的还没有找到工作，所以 B 项是正确答案；"一年比一年难"意思是越来越难了，而不是说女的找了好几年工作，所以 D 项也不正确。女的又说："可是我不想再读了。"可知女的不想再读书了，所以 A 项也不正确。

31. 女的说："不管多挤我都得上去，不然今天准迟到。"可知女的一定要上这趟车，是因为担心迟到。所以 A 项是正确答案。

32. 男的说："算了吧，这趟太挤，我等下一趟吧。"可知男的决定坐下一趟车。所以 B 项是正确答案。

33. 女的说："可能是他太紧张了。"可知女的的儿子没考好，是因为太紧张了。所以 C 项是正确答案。

34. 女的说："我想让他复读一年，明年再考一次。"所以 D 项是正确答案。

35. 从录音中听到："两人舍不得花钱租房，分别住在各自的宿舍里。"可知徐小姐和她的老公不住在一起，是因为舍不得花钱租房。所以 B 项是正确答案。

36. 从录音最后听到："对于这种聚少离多的生活，他们表示也可以接受。"所以 C 项是正确答案。

37. 从录音开头听到："我们的酒店地处商业中心区……"所以 C 项是正确答案。

38. 从录音中听到："我们的酒店……具有优越的地理位置……方便舒适，干净卫生，价格公道……交通便利……"可知 A、C、D 选项都是酒店的特点。所以 B 项是正确答案。

39. 从录音中听到："愤怒的球迷们大声高呼'下课'，要求中国足球队总教练辞职。"可知"下课"是要求别人辞职、停止工作的意思。所以 C 项是正确答案。

40. 从录音中听到："中国足球队在四川成都比赛……四川球迷所创造的'下课'一词，在全国范围内流行起来。"可知"下课"的新含义最早是从足球比赛中来的。所以 D 项是正确答案。

41. 从录音中听到:"四川球迷所创造的'下课'一词,在全国范围内流行起来。"可知"下课"的新含义是由四川人创造的。所以 B 项是正确答案。

42. 从录音中听到:"对于'下课'的来历,还有人认为是由于方言和普通话的语音不同造成的。"可知"下课"的新含义还可能是由语音造成的。所以 A 项是正确答案。

43. 从录音中听到:"现代人类的自然寿命应该是 112 到 140 岁……"所以 D 项是正确答案。

44. 从录音中听到:"疾病、外伤、意外事件等都可能使人过早死亡。"所以 C 项是正确答案。

45. 从录音最后听到:"专家提醒人们,应该从儿童和青年时期就注意营养,增加运动量,防止各类疾病的发生。"所以 B 项是正确答案。